本书系山东省社会科学规划研究项目"中日企业需求的人才能力的实证研究"（12CWXJ07）研究成果之一

李明姬 著

商务日语人才培养与教学改革研究

新 华 出 版 社

图书在版编目（CIP）数据

商务日语人才培养与教学改革研究 / 李明姬著.
-- 北京：新华出版社，2024.8
ISBN 978-7-5166-7527-4

Ⅰ.F7

中国国家版本馆CIP数据核字第20249FK138号

商务日语人才培养与教学改革研究

著者：李明姬
出版发行：新华出版社有限责任公司
　　　　　　（北京市石景山区京原路8号　　邮编：100040）
印刷：三河市中晟雅豪印务有限公司

成品尺寸：170mm×240mm　1/16　　印张：12　　字数：154 千字
版次：2024 年 8 月第 1 版　　　　　印次：2024 年 8 月第 1 次印刷
书号：ISBN 978-7-5166-7527-4　　　定价：59.00 元

微店　　视频号小店　　抖店　　京东旗舰店

微信公众号　　喜马拉雅　　小红书　　淘宝旗舰店　　扫码添加专属客服

　　随着中日两国经贸关系的深入发展，越来越多的企业开始注重培养日语人才。然而，目前的商务日语教育体系在培养符合企业需求的高素质人才方面仍存在诸多不足。如何有效地开展相关教学改革，已成为学术界和教育界共同关注的课题。

　　商务日语作为专门用途日语，既要求学习者具备扎实的日语基础，又要求其掌握一定的商务知识和技能，能够在实际的商务活动中自如应对。当前，我国商务日语教学多侧重于传授语言知识，难以适应当下企业对复合型商务日语人才的需求，导致毕业生进入职场后无法迅速胜任岗位工作。因此，探讨重构教学模式、优化课程设计、提升教学效果等问题，具有重要的现实意义。

　　在全球化背景下，商务日语人才的培养不仅关系到个人职业发展，更关系到企业的国际竞争力和国家的对外交流能力。本书旨在全面分析当前商务日语人才培养现状，探讨教学体系中存在的诸多问题，并通过借鉴国内外先进的教育理念和教学方法，提出切实可行的改革建议。

　　书中回顾了我国商务日语人才培养的历史与现状，对商务日语教学体系进行了深入剖析，找出其在课程设置、教学内容、教学方法、师资建设等方面的不足，并探讨其背后的深层次原因。笔者通过实地调研和案例分析，研究校企合作模式在商务日语人才培养中的应用，探索跨文化交际能力培养的有效途径，提出个性化教学的实施策略，以及能够满足企业用人需求的课程设计和教学方法。同时，探讨了在线教学平台的开发与利用，分析了不同行业、不同岗位对商务日语人才的具体要求，等等。

本书系山东省社会科学规划研究项目"中日企业需求的商务日语人才能力的实证研究（12CWXJ07）"的研究成果之一，希望本书的出版能够为商务日语人才培养提供新的思路和方法。

笔者在撰写本书的过程中，参考了大量的文献和资料，在此对相关文献资料的作者表示由衷感谢。由于笔者水平有限，书中难免会存在错漏之处，敬请广大读者和同行予以批评雅正。

目录

CONTENTS

第一章　商务日语人才培养现状分析

第一节　商务日语人才培养的历史与发展

在改革开放初期，我国确立了以利用外资、建立涉外企业为主要内容的对外开放方针，引进和利用外资迈出了实质性的一步。至 1992 年，新设立外商投资企业近五万家，对外开放和利用外资的实践进入快速发展轨道。我国商务日语教学始于 20 世纪 80 年代，由外贸日语逐步发展为融合经济管理方法等商务知识的商务日语专业，经历了以下几个发展阶段。

一、改革开放以来的初期阶段

（一）政策背景

改革开放为中国经济的快速发展创造了条件。政府推出了一系列经济改革政策，鼓励外贸出口和外商投资，积极推动国际贸易的发展，加强与世界各国的经贸往来，因此急需高水平外语人才。一些大学和语言学校开始设立商务日语专业或者增设相关课程，培养具备商务沟通、合作能力的专业人才。政府也加大了对商务日语教育的支持力度，鼓励教师和专家编写商务日语教材，组织商务日语培训班和研讨会，促进商务日语教育的发展。在改革开放初期，商务日语人才培养的重要性得到了充分认识，为中国商务日语教育的发展奠定了坚实基础。

（二）学科设立

政府推动外语教育事业发展，多所高校相继设立了商务日语专业或者增设了商务日语课程，意在培养学生的商务日语沟通能力和文书处理能力，满足中日经济交流和贸易合作的需要。通过学习商务日语专业课程，学生可以掌握商务沟通技能、商务礼仪、商务文书写作等知识，为未来从事商务工作打下坚实的基础。此外，学科设立也促进了商务日语教材的编写和教学资源的积累，为商务日语教育的发展提供了重要支持。随着商务日语专业的设立，商务日语教学得到了进一步规范和系统化，为培养更多的商务日语人才奠定了坚实的基础。

（三）教材编写与翻译

作为一门新兴学科，商务日语教材编写不完善，教师也缺乏教学经验。为了满足教育教学需求，相关部门组织专家和教师编写商务日语教材，内容涉及商务会话、商务翻译、商务写作、商务礼仪等方面。商务日语教材为日语人才的培养提供了重要的教学资源和实践材料。

（四）国际交流

改革开放以来，我国不断推进外贸体制改革创新，借助全球贸易快速发展的历史机遇，大力拓展国际市场。国际交流推动了商务日语专业的发展，为商务日语教师和学生提供了与国际同行交流的机会。通过参与合作项目，中国学生有机会到日本及其他国家留学或访问，提升了商务日语水平和跨文化交际能力。同时，我国积极和各国发展经贸关系，合作形式、合作内容不断深化，促进了双边、多边关系的稳定发展，也为学生提供了更多的实践机会，为培养具备国际视野和国际竞争力的商务日语人才奠定了坚实基础。

（五）市场需求与人才培养不足

随着对外贸易和外商投资的迅速增长，中国对商务日语人才的需求急剧上升。然而，在初期由于商务日语教育资源及培养体系的不足，市场上的人才供给远远无法满足需求。学校教学设施和师资力量存在明显短缺，限制了人才培养的规模和质量。专业的商务日语教材和课程不足，导致学生无法系统地掌握必要的商务日语知识和技能。此外，当时的人才培养体系和机制尚未完善，缺乏统一的评价标准和认证机构，使得教育质量良莠不齐，难以达到市场对高水平商务日语人才的要求。为解决这些问题，政府、学校和企业需共同加强努力，增加对商务日语教育的投入，并优化人才培养体系，以提高人才培养的质量和数量，满足市场的实际需求。

二、经济快速发展时期

在经济快速发展的黄金时期，国际交流与合作也达到了前所未有的深度。中日两国在贸易、投资和技术交流等方面的合作日益深化，迫切需要精通日语且具有商务能力的人才。商务日语人才的培养因此成为中国高校和培训机构的重要任务。

多所高校设立了商务日语专业，开设相关课程，培养精通日语、熟悉日本商务礼仪、具备外贸业务能力的复合型人才。教育主管部门积极推动中日教育合作项目，通过学术交流、教师互访、联合研究等方式，提升商务日语教育的质量。大量日资企业在华设立分支机构，也极大地促进了商务日语人才的培养。为满足企业的用人需求，许多高校与日资企业建立合作关系，设立实习基地，开展定向培养项目。通过这些合作，学生在校期间便能获得宝贵的实践机会和工作经验，为未来就业打下坚实基础。

国家政策也起到了重要作用。我国政府积极推动对外开放政策，鼓励国际合作和人才交流。在这种政策环境下，中日文化交流和学术合作不断加强，商务日语人才培养得到了更多的资源和支持。政府还通过奖学金、留学项目和国际交流计划，鼓励学生赴日学习，增加国际化教育的机会。

三、进入新世纪

作为亚太地区的经济强国之一，日本在国际贸易中具有举足轻重的地位。越来越多的跨国公司或机构在日本设立分支机构，这些公司需要拥有良好商务日语能力的员工，以便与本地合作伙伴进行沟通。高校及培训机构纷纷推出了针对学习者的课程，培养他们成为具有全球视野和跨文化能力的商务人才。

（一）在线教育

这一时期，计算机和多媒体等技术被广泛应用于商务日语教学。教师可以在网络平台上发布课程资源、布置作业、与学生进行交流。学生也可以通过网络获取商务资讯、参与在线商务活动，直观地学习商务日语知识和技能，加深对商务日语实际应用的理解。

移动设备的普及也为商务日语教学带来了便利。学生可以通过手机、平板电脑等移动设备随时随地进行学习，不受时间和地点的限制；可以通过网络课程、自学平台和社交媒体，与日本师生、企业高管进行互动，开拓国际视野，提高语言应用能力和商务实战技能。

各种技术手段的应用为商务日语人才的培养提供了新的途径，促进了教学质量的提升，推动远程教育优质均衡发展。

（二）行业定制培训

行业定制培训是指针对特定行业或领域的需求量身定制商务日语培训课程。这些课程通常涵盖行业前沿资讯、技术发展、管理理论、沟通技巧等，可提高学生的职业技能和业务水平。行业定制培训强调实践性和针对性，多由具有行业经验的教师或专家授课，通过开展行业案例分析、模拟商务会谈等教学活动，加深学生对行业的认知及对商务日语知识的理解。培训方式一般较为灵活，包括线上授课、线下培训、社会实践等。学生可根据自己的实际情况选择适合自己的培训方式。

行业定制培训通常会与企业合作开展项目式学习或实践性培训，为学生提供与实际工作相关的实践机会，以提高学生的职业发展潜力。

总的来说，行业定制培训是商务日语教育的重要发展方向，为不同行业的学习者提供具有针对性、实践性和个性化的培训机会，能极大地满足企业对商务日语人才的需求，推动商务日语教育进一步发展。

（三）文化交流与交叉学科

在商务日语教学过程中，对日本商务文化的理解和应用亦是重点内容。学生需要了解日本的商务礼仪、文化习惯、谈判方式等，以便更好地与日本商业伙伴进行沟通。在此背景下，商务日语与经管、信息和教育等学科交叉融合，强强联合、优势互补，实现专业优化，从而培养高素质、复合型商务日语人才。

（四）考试与认证

商务日语相关考试和认证可以评估学习者的语言水平和应用能力，通常涵盖听、说、读、写等多个方面，考察学习者在商务环境下的语言应用能力和跨文化交际能力。通过参加商务日语考试、获得资格认证，学习者可以提高自己的竞争力，促进个人职业发展。可见，考试与认证是商务日语教育的重要组成部分，间接推动了商务日语教育的进一步发展。

四、全球化的影响

高校商务日语课程注重培养学生的跨文化交际能力，通常会引入现代化的教学资源，如在线语言学习平台、多媒体设备等，便于学生进行在线听力、阅读、口语练习，提高语言水平。有的高校还专门开设了技术课程，教授通信软件、翻译工具等的使用技巧；有的高校与海外院校合作，开展双语教学或交换生项目，为学生提供广阔的国际交流平台，促进学生跨文化交际能力的提升。

当前，商务沟通方式发生了巨大变化。翻译软件的迅速发展对商务日语学生产生了重大影响。学生需要熟练使用办公软件、学习工具、应用程序，提高自身专业精度，才能适应不断变化的商务环境。

在全球化背景下，高校商务日语专业必须不断调整与完善，紧贴国家和企业需求，才能培养出具有国际竞争力的商务日语人才。

第二节　商务日语教学体系分析

一、基础语言能力培养

（一）听力与口语能力

现行商务日语教学体系注重学生的听力与口语能力，听、说能力对于沟通和交流至关重要。

在听力能力培养方面，选用丰富多样的听力材料，如商务电话录音、商务会议录音、商务讲座等。这些材料能够模拟真实商务场景，让学生在学习过程中接触到不同类型的商务语言。在训练方法上，教师采用听力填空、听力选择、听力理解等训练方法，加强学生对商务用语、商务场景的理解。在课堂上，模拟商务会议场景，让学生进行听力练习，培养学生的听力能力，引导学生了解商务日语的实际运用场景。

在口语能力培养方面，重点培养学生的口语表达能力。通过模拟商务场景，教师设计各种口语练习，如商务问候、商务谈判、商务电话交流等，让学生在实践中提高口语表达能力。角色扮演是常用的口语训练方式，学生扮演不同商务角色，进行商务对话，锻炼其在商务场景中的口语表达能力和应对能力。同时，通过分析真实商务案例，学生可以学习到商务沟通中常用的表达方式和技巧，提高口语应对能力和实践水平。现行商务日语教学体系在基础语言能力培养中，通过丰富多样的听力材料和口语训练方法，着重培养学生的听力理解能力和口语表达能力。这样的教学设计能够帮助学生在商务场景中更加自信地进行沟通和交流，为其未来的职业发展打下坚实的语言基础。

（二）阅读与写作能力

现行商务日语教学体系着重于学生的阅读与写作能力。这是因为商务环境中准确理解商务文件并有效地使用日语进行书面交流至关重要。在阅读能力培养方面，商务日语教学选用各种商务相关的文本，如商务合同、报告、邮件、新闻报道等，让学生熟悉商务语言的使用场景和常见表达方式。教师设计了多样的阅读理解训练，包括单词理解、句子理解和段落理解等，帮助学生提高对商务文本的理解能力。同时，商务日语教学也注重学生商务词汇的积累，教授常用的商务词汇和短语，让学生能够准确理解和运用商务文本中的专业术语和表达方式。在写作能力培养方面，商务日语教学教授了商务文书写作的基本规范，包括邮件格式、报告结构、商务函电格式等，让学生了解商务文书的写作要求和常见模式。通过写作练习，教师让学生掌握商务写作的技巧，如表达清晰、逻辑严谨、语言得体等，提高学生的写作水平。同时，商务日语教学也提供商务写作的实践应用训练，如写商务邮件、撰写商务报告、起草商务合同等，让学生在实践中提高商务写作能力，掌握正确的商务表达方式和格式。现行商务日语教学体系通过多样的阅读材料和写作练习，注重培养学生的阅读理解能力和商务写作能力。这样的教学设计有助于学生掌握商务日语的基础知识和技能，为其未来的商务交流和职业发展打下坚实的语言基础。

（三）商务沟通技

现行商务日语教学体系侧重于培养学生的商务沟通技能，这一技能具体包括商务日语中的礼仪用语、称谓、问候语等基本沟通技巧，以及商务交流中的一些特殊。在商务沟通技能的培养中，教学会着重教授学生商务场合中常用的礼仪用语和称谓，让学生了解在商务交流中的应对方式和表达方式。例如，学习如何进行正式的商务问候、如何礼貌地提出建议或意见等。商务日语教学也注重培养学生在商务谈判和沟通中的技巧，如学习如何有效地进行商务谈判、如何在商务交流中保持良好的沟通氛围、如何处理商务纠纷等。学生通过角色扮演、案例分析等方式，实践商务场景，提高其在实际工作中的应对能力。跨文化交际能力也是商务日语教学中的重要内容之一。学生需要了解不同国家和地区的商务文化、礼仪和习惯，以更好地开展国际商务活动。教学会通过讲解和讨论，让学生了解并尊重不同文化背景下的商务交流方式和规则，培养学生的跨文化交际能力和国际化视野。现行商务日语教学体系在基础语言能力培养中，通过教授商务沟通技能，包括礼仪用语、商务谈判技巧和跨文化交际能力等，帮助学生在商务环境中更加自信地进行沟通和交流，为其未来的职业发展打下坚实的基础。

（四）跨文化交际能力

现行商务日语教学体系还关注培养学生的跨文化交际能力。这是因为在商务环境中，理解并尊重不同文化背景下的商务交流方式对于成功开展国际业务至关重要。商务日语教学注重学生对不同国家和地区的商务文化、礼仪和习惯的了解。学生通过学习日本及其他国家的商务文化，如礼仪、谈判方式、商务习惯等，可以更好地理解各国商务伙伴的行为和沟通方式。商务日语教学通过案例分析、角色扮演等教学方法，让学生在模拟的商务场景中体验跨文化交际，并学会适应不同文化背景下的交流方式。例如，学生可能会被要求模拟与日本客户的商务谈判，从而了解日本人的商务行为特点，培养对日本商务文化的理解和尊重。商务日语教学还会强调文化差异的重要性，并教导学生如何通过语言和行为来适应不同文化环境。学生需要学会灵活运用语言和姿态，避免因文化误解而导致的交际障碍，以确保商务交流的顺利进行。现行商务日语教学体系在基础语言能力培养中，通过注重跨文化交际能力的培养，使学生能够更好地理解并适应不同文化背景下的商务交流方式，为其未来的跨国商务活动提供了良好的基础。

（五）商务实践能力

现行商务日语教学体系还注重培养学生的商务实践能力。这一内容包括了在实际商务环境中所需的各种技能和知识，以确保学生能够胜任商务交流和处理商务事务的工作。商务日语教学注重培养学生的商务沟通技能。学生需要学会在商务场景中准确地表达自己的意见、理解他人的观点，并能够与商业伙伴进行有效的沟通。这包括了学习商务电话交流、商务会议技巧、商务谈判策略等，以确保学生能够在实际工作中处理各种商务沟通场景。商务日语教学还注重培养学生的商务分析能力。学生需要能够理解和分析商务文档，如商业合同、市场报告、竞争分析等，以便做出正确的商务决策。这包括了学习商务文档的阅读和理解、数据分析和解读等技能，以确保学生能够在商务环境中做出理性和明智的决策。商务日语教学还注重培养学生的商务协作能力。学生需要学会与团队成员合作，共同解决商务问题，达成共识并实现商务目标。这包括了学习团队沟通技巧、有效的团队合作方式等，以确保学生能够在团队中发挥积极作用，为商务活动的成功贡献力量。现行商务日语教学体系在基础语言能力培养中，着重培养学生的商务实践能力，包括商务沟通技能、商务分析能力和商务协作能力等。这样的教学设计旨在为学生提供在实际商务工作中所需的技能和知识，使他们能够胜任各种商务活动，为日后的职业发展打下坚实基础。

例如，北京理工大学珠海学院商务日语专业成立初期，根据教学计划，专业课程按其性质分类，分成公共基础教育、学科基础教育、专业教育和实践教育四大板块。其中基础理论课占比为 75.73%，实践课占比为 20.5%。大幅提高实践教学的比例，目的就在于提高学生的实际动手动口能力、掌握市场所需的相关实践技能、为其后的就业提供战略导向。之后，该校不断进行教学改革，以期提高学生的动口动手能力和实际操作技能，使学生毕业后无须用人单位再经过专门培训即可直接进入工作状态，提高学生的综合应用能力。

二、商务日语专业知识学习

（一）语言基础

商务日语专业主要学习日语、外贸、商务、管理等方面的基础知识，接受听、说、读、写、译强化训练。学生需要掌握商务场景中常用的词汇和表达，包括日常用语、商务用语、行业术语等，以便在商务交流中准确表达自己的意图；需要掌握日语句子的构成方式、词语的使用规则，以及句型的变化和搭配，以确保自己的表达准确清晰。商务日语教学还注重学生的听力和口语能力培养，通过听力训练提高他们听懂商务对话和讲话的能力，通过口语训练提高他们用日语进行商务交流的能力。同时，学生也需要具备阅读商务文件、邮件、报告等各种文本的能力，并能够理解其中的内容，以及用日语进行商务邮件、报告等的写作能力。通过对语言基础的学习，学生可以建立起扎实的日语基础，为日后的商务日语学习和实践奠定坚实的基础。

（二）商务日语专业知识

商务日语专业知识涵盖了多方面内容。商务场景中常用的用语和惯例是学生需要首先掌握的内容。具体包括商务会议、商务谈判、电话交流、邮件往来等方面的用语和礼仪。他们需要了解如何在不同的商务场合中表达自己的意见、提出建议、进行谈判等。商务日语教学还涉及商务信函和报告的写作技巧。学生需要掌握如何准确、清晰地表达自己的意图，如何组织文档结构，以及如何使用恰当的语言风格。他们还需要了解不同类型的商务信函和报告的格式和内容要求。商务谈判技巧也是学生需要重点学习的内容之一。这包括如何进行谈判准备、如何提出自己的要求、如何处理谈判中的各种情况等。他们需要了解不同文化背景下的谈判风格和习惯，以及如何灵活应对。跨文化沟通是商务日语教学的另一个重要内容。学生需要了解不同文化背景下的商务礼仪和交流方式，以适应不同文化的沟通风格，避免跨文化误解和冲突，处理跨文化交流中的挑战。另外商务日语教学通常会通过商务案例分析来加深学生对专业知识的理解和应用。这有助于他们将所学知识应用到实际情境中，培养解决问题和做出决策的能力。通过学习这些商务日语专业知识，学生可以提高在商务环境中的沟通能力、交流技巧和跨文化适应能力，从而更好地适应和胜任商务工作中的挑战。

（三）跨文化沟通

商务环境中的跨文化沟通是一项关键技能，因为商务活动往往涉及不同国家和地区的人员。学生需要学习不同文化背景下的商务礼仪和交流方式，以适应不同文化的沟通风格。在跨文化沟通过程中，学生需要了解文化差异，包括语言、礼仪、价值观等方面的差异。他们需要学会尊重并适应不同文化的习惯和惯例，避免因文化差异而引发的误解和冲突。此外，学生还需要学习如何处理跨文化交流中可能出现的挑战。这可能包括语言障碍、文化误解、沟通不畅等问题。他们需要掌握一些应对策略，如提高跨文化意识、提前了解对方文化、保持开放心态等，以有效应对这些挑战。在商务日语教学中，通常会通过案例分析、角色扮演等活动来帮助学生加深对跨文化沟通的理解和应用。这有助于他们在实际工作中更好地应对跨文化交流的挑战，提高商务交流的效率和准确性。跨文化沟通是商务日语教学中不可或缺的一部分，学生通过学习跨文化沟通，可以提高在国际商务环境中的适应能力和成功交流的能力。

（四）案例分析

商务日语教学通过案例分析来深化学生对专业知识的理解。教师会选取真实或模拟的商务案例，要求学生阅读、分析并解决其中涉及的问题。通过分析案例，学生能够将课堂学习的理论知识与实际情况相结合，培养解决问题和做出决策的能力。除了案例分析，商务日语教学还包括实践活动，例如角色扮演、模拟商务会议等。通过这些实践活动，学生可以在模拟的商务环境中应用所学知识，进行实际交流和互动。这有助于他们提高商务日语口语表达能力、谈判技巧和团队合作能力。通过案例分析和实践，学生能够更深入地理解商务日语专业知识，并将其运用到实际工作中。这有助于他们培养解决问题、分析情况和应对挑战的能力，为未来在商务领域的工作做好准备。

（五）行业知识

学生还需要掌握各行业的专业术语和常用表达。对于金融领域，学生需要了解股票、债券、投资等方面的专业术语；对于制造业，学生需要了解生产、供应链管理、质量控制等方面的专业术语。学生需要了解不同行业的基本情况，包括市场规模、主要参与者、发展趋势等。这有助于他们更好地理解商务交流中涉及的背景信息。此外，不同行业有不同的商务流程和惯例，学生需要了解这些流程和惯例，并学会如何在商务交流中正确应用。例如，不同行业的合同签订流程、报价方式等可能会有所不同。另外，一些行业受到特定的法律和法规约束，学生需要了解相关的法律法规，并学会如何在商务交流中遵守这些法律法规。例如，在国际贸易中，学生需要了解相关的贸易法规和国际贸易惯例。商务日语教学还应该包括对行业趋势和最新新闻的关注。学生需要了解行业的最新动态，以便能够在商务交流中做出及时的反应和决策。通过学习行业知识，学生能够更全面地理解商务活动中涉及的内容，提高在商务环境中的适应能力和应对挑战的能力。

三、跨文化交际能力培养

培养学生的跨文化交际能力，包括以下几个方面。

文化意识。学习者需要了解日本商务文化与自己国家商务文化之间的差异，如价值观、社会习惯、商务礼仪等方面的不同。这有助于他们更好地理解日本商务环境，并避免因文化差异而引发的误解或冲突。

语言能力。学习者不仅需要掌握日语的词汇和语法，还需要了解这些语言表达背后的文化含义。例如，不同的商务用语在不同的文化背景下可能会有不同的语用含义，学习者需要学会在跨文化交际中灵活运用。

沟通能力。学习者需要掌握跨文化沟通的技巧，包括倾听、表达、解释、提问等。他们需要学会在与日本商务伙伴或客户交流时，考虑对方的文化背景，以确保信息传达的准确性和有效性。除此之外，学习者还需要了解日本的历史、政治、经济等方面的知识，以便更好地理解日本商务活动的背景和语境。这有助于他们在商务交流中更加敏感地捕捉到日本商务伙伴的言行举止背后的文化因素。

合作能力。学习者需要学会尊重不同文化背景的团队成员，有效地协调与合作，以达成共同的商务目标。

（一）实践与模拟演练

现行商务日语教学体系的分析包括跨文化交际能力培养以及实践与模拟演练两个具体方面。跨文化交际能力培养是商务日语教学的重要目标之一。学生需要了解不同文化背景下的商务礼仪、沟通方式、价值观念等，以便在跨文化环境中进行有效交际。教学内容可能包括介绍日本商务文化的特点、礼仪规范、商务场合常用语言表达等，并通过与其他国家商务文化的比较与对比，加深学生的跨文化意识和能力。实践与模拟演练是培养商务日语能力的重要手段。在实践环节，学生通过角色扮演、商务场景模拟、案例分析等形式，在模拟真实商务环境中进行语言实践。而模拟演练则是将学生置身于真实或近似真实的商务情境中，让他们运用所学的商务日语技能进行沟通、协商、解决问题等，以提升实际应用能力。

（二）反馈与评估

现行商务日语教学体系的分析包括跨文化交际能力培养，其中具体的一个重要方面是反馈与评估。在教学过程中，反馈扮演着及时有效的角色。教师通过课堂练习、作业和口头表达等方式对学生的语言运用进行反馈，不仅包括语法和词汇的修正，还应着重考虑语言使用的准确性、流畅性和适用性。此外，多媒体工具如录音和视频也可用于记录学生的语言表达，以便提供更具体的指导建议。评估是商务日语教学中的关键环节，可通过考试、口语表达评估和项目作业等方式实施。评估的目的在于全面了解学生在商务日语学习中的掌握情况和实际应用能力。在跨文化交际能力方面

的评估中，不仅考察语言水平，还注重考查学生对不同文化背景下的商务
交际规范和习惯的理解和应用能力。评估过程中，结合自评、互评和教师
评价等方式，为学生提供全面、客观的反馈，帮助他们发现不足并进一步
提升。通过反馈与评估机制，商务日语教学体系有助于学生持续改进语言
技能，培养跨文化交际能力，使其能够在商务环境中胜任各种交际任务。

四、实践能力培养

（一）实践活动

现行商务日语教学体系中的实践能力培养是通过各种实践活动来实现
的。其中具体的实践活动包括角色扮演、商务会议模拟、案例分析、商务
信函写作、实地考察和访谈以及商务谈判模拟等。学生在模拟的商务环境
中实践商务日语技能，培养实际应用能力，增强自信心，为将来就业做好
准备。角色扮演使学生能够在模拟的商务场景中扮演不同角色，从而锻炼
日常生活中的实际应用能力。商务会议模拟让学生分组模拟商务会议，进
行商务讨论、决策和协商，提高团队合作和跨文化交际能力。案例分析活
动使学生能够通过分析实际或虚构的商务案例，了解商务环境中的挑战和
解决问题的方法。商务信函写作训练则有助于学生培养书面沟通能力和规
范商务语言的运用。实地考察和访谈让学生亲身体验商务环境，了解商务
实践和流程。最后，商务谈判模拟活动让学生练习谈判技巧、沟通技巧和
解决问题能力，以更好地理解商务谈判的复杂性。通过这些实践活动，学
生可以全面提升商务日语技能，为未来的职业发展做好准备。

（二）案例分析

案例分析是培养实践能力的一种有效途径。通过分析商务案例，培养
实践能力和解决问题的能力。案例分析通常包括筛选、研究、讨论、总结

等几个步骤。

教师首先要筛选合适的案例，然后引导学生进行研究，并提出解决方案。所有学生可分成几个小组进行讨论，分享观点、经验和想法，综合考虑职业道德、文化差异、法律规定等因素，提出他们认为最合适的解决方案。在解决方案提出之后，教师组织全班进行集体讨论，总结、评价各学生小组的方案。通过参与案例分析活动，学生不仅能够了解真实的商务环境中的挑战和解决方案，还可以培养其分析和解决问题的能力，提高他们的商务思维和实践能力。

（三）项目合作

通过项目合作培养学生的实践能力，即让学生参与商务项目，与同学合作完成任务，培养他们的团队合作能力、沟通能力和问题解决能力。项目合作通常包括以下步骤：教师设计或选择市场调研、产品推广、销售计划等商务项目，确保项目与商务日语教学目标需求相符。学生以小组为单位合作完成项目。在项目启动阶段，团队成员讨论并分配各自的任务和责任。每个成员负责不同的部分，例如市场分析、策划方案、制作报告等，以确保项目的全面性和完整性。在项目执行过程中，团队成员需要保持密切的沟通。他们可能使用各种沟通工具，如会议、电子邮件、在线协作平台等，以确保信息的及时传递和任务的顺利执行。在项目执行过程中，团队可能会遇到各种挑战和问题。学生需要共同分析问题，提出解决方案，并在团队的协作下加以实施和调整，以确保项目的顺利进行。项目完成后，团队需要向教师和同学展示他们的成果。这可能包括口头报告、书面报告、演示文稿等形式，学生将分享他们的经验、成果和教训，从而促进彼此的学习和成长。通过项目合作，学生不仅可以将商务日语应用到实际项目中，还可以培养团队合作、沟通和问题解决等实践能力，为将来的职业发展做好准备。

（四）实习机会

学生参与真实的商务环境和实践活动，与企业或组织合作，获得实际工作经验，从而培养他们的实践能力和商务技能。实习机会包括如下步骤：学校与企业建立合作关系，为学生提供实习机会。这些企业可以是跨国公司、本地企业或非营利组织，涵盖不同的商务领域和行业。学生在学校的安排下进入企业实习，参与文件翻译、客户服务、市场调研或销售支持等工作，从而锻炼日语能力和实践能力。在实习期间，学生将在相关指导者的教导下快速适应工作环境，完成技能培训，撰写实习报告，总结实习经验。通过实习，学生有机会将在课堂上学到的理论知识应用到实际工作中，并与专业人士合作，拓展人际网络，为未来的职业发展奠定基础。

五、技术应用能力培养

（一）电子邮件和电子文档

技术应用能力培养可以通过电子邮件和电子文档的处理体现出来。在商务环境中，电子邮件和电子文档是日常沟通和工作的重要工具，因此学生需要掌握相关的技术应用能力。商务日语教学应该教授学生如何书写专业的电子邮件，并学会及时、礼貌地回复邮件。这一过程主要包括了解电子邮件的格式、用语规范和礼节等，以确保他们能够有效地与日本公司或合作伙伴进行沟通。学生需要学会使用商务日语书写和编辑电子文档，如报告、备忘录、提案等。他们应该掌握正确的商务用语和格式，以便能够准确地传达信息并展现专业素养。此外，学生还需要了解如何处理电子邮件附件，包括添加、打开和保存附件的操作。他们应该熟悉不同类型的附件格式，如 PDF、Word 文档、Excel 表格等，并学会根据需要进行转换。另外，商务日语教学还应该教授学生如何有效地管理和归档电子邮件和文档。这包括使用邮件客户端或管理工具进行邮件分类、标记、筛选和搜索，以便快速找到需要的信息。最后，学生还需要了解电子邮件的礼节和安全问题，如保护个人信息、避免发送垃圾邮件、防止电子邮件泄露等。通过培养学生对电子邮件和电子文档的技术应用能力，商务日语教学可以帮助他们适应现代商务通信的需求，提高他们在职场上的沟通效率和专业素养，为未来的职业发展打下坚实的基础。

（二）商务软件和工具

商务日语教学体系中，技术应用能力培养通过商务软件和工具的培训体现出来。学生需要掌握这些工具以提高工作效率和专业水平。商务软件包括电子表格软件（如 Microsoft Excel 或 Google Sheets）和演示文稿软件（如 Microsoft PowerPoint 或 Google Slides）。学生应该熟练使用这些软件，以制作各种商务报表、图表和演示，展示产品介绍、市场分析和销售报告等内容。另外，学生还应该掌握项目管理工具（如 Microsoft Project 或 Asana），以规划、组织和跟踪商务项目的进度和任务。团队协作工具（如在线会议平台和团队协作软件）也是必不可少的，它们可以帮助学生进行日常的商务沟通、协作和项目管理。通过培养对这些商务软件和工具的熟练运用，商务日语教学可以提高学生的职业竞争力和就业机会，使他们更好地适应现代商务环境的需求。

（三）跨文化通信平台

学生需要学会使用各种跨文化通信工具和平台，以便与来自不同文化背景的人进行沟通。一是熟练使用视频会议软件，如 Zoom、Microsoft Teams 或 Skype 等，能与日本公司或国际合作伙伴召开实时视频会议。二是熟练使用在线协作软件，如 Slack、Microsoft SharePoint 或 Trello 等，与团队成员实时沟通。三是熟练使用电子邮件和即时通信工具，用于日常沟通和信息交流，以确保沟通的准确和专业。

（四）信息筛选

学生需要掌握网络搜索技巧和信息筛选方法，以获取所需的商务信息。了解如何使用关键词、搜索语法和过滤器等，准确地定位信息资源；识别信息来源，可靠的来源包括官方网站、学术期刊和行业报告等，不可靠的信息来源包括个人的社交媒体账号和非权威网站等；筛选搜索结果，评估信息的可信度、相关性和时效性，获取到准确、有用的信息。通过培养技术应用能力，学生能够更有效地获取和利用商务信息，支持自己在市场分析、竞争情报和决策制定等方面的工作。

（五）网络营销

学生需要掌握利用社交媒体进行品牌推广的技能。其主要流程为，了解主流社交媒体的运营特点、用户群体和营销机会，制定社交媒体营销计划，创作具有吸引力的内容，与受众互动，建立品牌形象，利用社交媒体分析工具评估营销效果并进行优化。通过培养网络营销能力，学生在一定程度上提高了市场营销和品牌管理水平。

第三节　商务日语人才培养存在的问题

一、教育资源不足

当前，一些学校的商务日语专业师资力量不足，无法满足教学需求。缺乏与企业或组织的合作项目，以致缺少实习岗位。教育投入不足、经费紧张，缺乏足够的教育资源，包括教材、器材、场地等，限制了商务日语教学的范围，也难以吸引到优秀的教师。为了解决这些问题，需要加强师资培训与招聘、鼓励教材和教学资源的开发与更新、建立与企业合作的实践项目、提升技术设施和教学资源的投入等措施。政府、学校和企业等各方应加强合作，共同致力于提升商务日语人才培养的质量，以满足日益增长的商务日语人才需求。

二、语言难度

商务日语涉及专业术语和行业知识，语法结构、表达方式也较为复杂，对于学习者来说具有一定挑战，只有通过系统训练才能提高语言表达能力。对此，教师应结合实际商务场景设计教学内容，注重实践操作和案例分析，引导学习者掌握商务日语的应用技巧。同时，提供专业的教学资源，鼓励学习者参与商务实践活动，进一步巩固语言能力。

三、文化差异

跨国商务活动涉及不同国家和地区之间的交流，而地域间的文化差异可能给学习者带来困难。日本是一个有着悠久历史和独特文化的国家，其商务礼节和传统观念与其他国家存在较大差异。学习者需要学习日本商务礼仪，克服跨文化交流中的语言障碍，适应文化差异，以确保商务合作的顺利进行。针对文化差异所带来的挑战，商务日语教育可以通过开设跨文化交际课程、提供案例分析和实践活动等方式加强学生的跨文化意识和能力。

四、缺少实践机会

学习者在商务日语的学习过程中，缺乏与实际商务环境接轨的实践机会，这可能会影响他们的实际应用能力和职业发展。缺乏实践机会可能会导致学生无法将所学知识和技能应用到实际工作中。商务日语的学习不仅仅是语言技能的学习，更重要的是能够在商务环境中运用这些技能进行沟通、交流和合作。如果学生缺乏与企业或组织合作的机会，就很难培养起他们的实际应用能力。另外，缺乏实践机会也会影响学生对商务日语学习的兴趣和动力。如果学生无法看到学习商务日语的实际应用场景和意义，就可能会对学习产生厌倦或失去兴趣，影响学习效果和学习积极性。解决这一问题的关键在于加强学校与企业的合作与交流。学校可以与各类企业建立合作关系，开展商务日语实践项目，为学生提供实习机会、项目合作或实际商务交流的机会。通过与真实商务环境的接触，学生可以更好地理解商务日语的实际运用，并提升实际应用能力。此外，学校还可以通过组织企业参观、邀请行业专家授课等方式，丰富学生的商务实践经验，拓展他们的视野和思维方式。通过这些实践机会的提供，可以更好地满足学生的学习需求，培养出更具实践能力的商务日语人才。

五、技术支持

在当今数字化和信息化的商务环境下，学习者需要掌握各种技术工具来支持他们的学习和实践，但现实中存在一些挑战。学习者可能缺乏适当的技术支持和工具，限制了他们在商务日语学习过程中的效率和质量。例如，学校可能缺乏先进的语言学习软件或在线学习平台，无法提供多样化和个性化的学习资源。这可能会影响学生的学习体验和学习效果。另外，学生可能也缺乏对商务日语学习相关技术工具的了解和使用能力。例如，学生可能不熟悉使用电子词典、在线翻译工具、语音识别软件等辅助工具来提升学习效率。缺乏这些技术工具的应用知识可能会限制学生的学习能力和应用能力。对此，学校可以投入资金和资源，建设先进的语言学习设施和技术平台，提供丰富多样的学习资源，满足不同层次学生的学习需求。同时，学校还应该加强对学生的技术培训，帮助他们掌握并灵活运用各种技术工具来支持商务日语学习和实践。通过提供更完善的技术支持，提升学生的学习效率，增强他们的学习动力。

六、持续学习

随着商务环境的不断变化和发展，商务日语人才需要不断更新自己的知识和技能，以适应新的挑战和需求。持续学习是商务日语人才保持竞争力的关键。一些学习者可能面临学习资源有限或无法及时获取最新信息的问题。商务日语教育体系可能缺乏灵活的学习机制，无法满足学习者的个性化学习需求，导致学习者难以持续学习和发展。

商务日语人才还需要不断提升自己的技能和能力，以适应商务环境的变化。然而，一些学习者可能缺乏有效的发展路径和培训机会，无法获取必要的技术支持和工具。缺乏相关的技术支持和工具可能会限制学习者的发展空间，影响其在职场上的竞争力和发展前景。

对此，可以采用以下解决措施：建立灵活多样的学习机制，包括在线课程、远程培训、自主学习平台等，以满足学习者的个性化学习需求；加强与行业和企业的合作，开展定制化的培训项目，为学习者提供实践机会和行业导师的指导，帮助他们不断提升自己的技能和能力；提供技术支持，如在线词典和翻译工具等。

第二章　商务日语人才培养模式的创新与实践

第一节　校企合作模式的探索与实践

一、实习与实训项目

校企合作是指学校与企业紧密合作，共同制定人才培养方案，其形式包括资助办学、建立实训基地、合作培训、合作科研等。

（一）学生实践机会

实习与实训项目为商务日语专业的学生提供了丰富的实践机会，这些实践机会涵盖企业实习、实训基地建设、项目实战、双导师制和短期研修与交流等多种形式。这些多样化的实践形式，不仅极大地提升了学生的日语应用能力，还使其能够在跨文化背景下进行有效的商业交流和合作，为其未来的职业发展打下坚实的基础。

企业实习是校企合作中最直接也是最重要的实践机会之一。高校与日本在华企业及日资企业建立长期合作关系，每年定期选派优秀学生到企业进行实习。实习内容涵盖商务沟通、市场调研、客户服务、项目管理等多个方面。学生通过参与企业的日常运营，获得了宝贵的实战经验，不仅提升了日语实际应用能力，还学会了如何在跨文化背景下进行有效的商业交流和合作。企业实习让学生能够亲身体验企业文化和工作流程，培养其商业敏锐度和职场适应能力。

实训基地建设是校企合作中另一种重要的实践形式。高校与企业联合建设商务日语实训基地，模拟真实的商务环境，为学生提供系统的实训课程。实训基地配备现代化的办公设备和软件，学生可以在模拟的商务情景中，完成如合同谈判、商务信函写作、会议口译等实际操作任务。这种沉浸式的实训方式，有助于学生将理论知识转化为实际技能，提高其职场适应能力。实训基地的建设，不仅丰富了教学内容，还为学生提供了一个安全而真实的实践环境。

项目实战也是校企合作中重要的一环。在校企合作框架下，高校鼓励学生参与企业的实际项目。例如，参与市场推广活动、产品发布会、跨国项目管理等实际项目，这些项目通常由企业提供指导，学生在实践中可以直接接触到国际商务的具体流程和细节，积累宝贵的实践经验。通过项目实战，学生不仅能够将所学知识应用于实际工作中，还能够培养团队协作能力、项目管理能力和问题解决能力。这些实战经验，对于学生未来进入职场具有重要的现实意义。

双导师制是实习与实训项目中一种创新的指导模式，即由高校导师和企业导师共同指导学生的学习和实践。高校导师负责学生的学术指导，企业导师则提供实际工作中的指导和反馈。双导师制不仅帮助学生更好地理解理论知识的实际应用，也使其在职业素养和工作技能方面得到全面提升。在双导师制下，学生可以得到来自学术界和企业界的双重支持和指导，有助于其全面发展。

短期研修与交流也是一种重要的实践形式。部分高校与日本的大学和企业合作，组织学生赴日进行短期研修和交流。通过实地考察学习，学生能够深入了解日本的商务文化和工作方式，提升跨文化交际能力。这种海外研修经历，不仅拓宽了学生的国际视野，也增强了其适应国际职场的能力。短期研修与交流，帮助学生适应国际化的工作环境，提升其综合素质和竞争力。

（二）企业导师指导

在校企合作模式中，企业导师的指导在商务日语人才培养中发挥着至关重要的作用。企业导师不仅为学生提供真实的商业环境和实际操作的机会，还通过一对一的指导，帮助学生将课堂知识与实际工作紧密结合。这种指导模式极大地促进了学生的职业技能和专业素养的提升。

企业导师可以为学生提供第一手的行业信息和最新的商业实践，通过真实案例的分析和实际操作，学生能够更深入地理解商务日语在实际工作中的应用。

企业导师的专业背景和丰富经验，使得学生在学习过程中可以获得更加专业和实用的指导。这种实践经验的传授，不仅增强了学生的实际操作能力，也提高了他们解决实际问题的能力。

企业导师可以为学生提供职业发展方面的建议。在指导过程中，企业导师不仅关注学生的知识和技能的提升，还关注他们的职业素养和职业规划。通过一对一的交流和指导，企业导师可以帮助学生明确职业目标，制定职业发展计划，并为其提供实用的职业建议和指导。例如，企业导师可以帮助学生了解职场的基本礼仪和规则，培养其团队合作和沟通能力，提升其综合素质和职场竞争力。

企业导师可以为学生提供实习和就业机会，通过推荐和引荐，为学生未来的职业发展铺平道路。总的来说，企业导师的指导，不仅实现了商务日语人才培养模式的创新，也为学生提供了一个将理论与实践相结合的平台，极大地提升了他们的就业竞争力和职业发展潜力。

（三）实践与理论相结合

在商务日语人才培养中，实践与理论相结合是实现培养模式创新与实践的关键。这种结合的模式不仅提升了学生的学习效果，还增强了他们的实际操作能力和职业适应能力。例如，在课堂教学中，教师可以通过案例分析、模拟演练和项目实训等多种方式，将理论知识与实际应用紧密结合。通过案例分析，学生可以了解和掌握实际商务活动中的问题和解决方法；通过模拟演练，学生可以在模拟的商务环境中进行实际操作，提升其实战能力；通过项目实训，学生可以参与实际的商务项目，从中积累宝贵的实践经验。这样的教学模式，不仅丰富了教学内容，还提高了学生的学习兴趣。

校企合作中的实习与实训项目是实践与理论相结合的重要途径。通过企业实习，学生可以将课堂上学到的理论知识应用到实际工作中，检验和巩固所学知识，提升实际操作能力。例如，学生可以在企业的市场调研、客户服务、项目管理等实际工作中，应用所学的商务日语知识和技能，增强其在实际商务环境中的应用能力。同时，企业导师可以帮助学生更好地理解理论知识。这种双向互动的教学模式，不仅提升了学生的学习效果，还增强了他们的职业素养。通过将实践与理论相结合，商务日语人才培养模式实现了创新，极大地提高了学生的综合素质和就业竞争力。

实践与理论相结合的模式，不仅在教学内容上实现了创新，也在教学方法和教学评价上进行了改革。在教学方法上，教师可以采用任务驱动、项目导向和问题导向等多种教学方法，将理论知识的讲解与实际问题的解决相结合。例如，通过任务驱动的教学方法，教师可以为学生设置实际的商务任务，让学生在完成任务的过程中，应用和巩固所学的理论知识；通过项目导向的教学方法，教师可以组织学生参与实际的商务项目，让学生在项目中积累经验，提升其实践能力；通过问题导向的教学方法，教师可以引导学生发现和解决实际问题，培养其分析和解决问题的能力。在教学评价上，教师可以采用过程性评价和结果性评价相结合的方式，对学生的学习过程和学习效果进行全面评价。例如，通过过程性评价，教师可以关注学生在学习过程中的表现和进步情况，及时给予反馈和指导；通过结果性评价，教师可以评估学生在实际工作中的表现，全面了解学生的综合素质和职业能力。这种多维度的教学评价方式，不仅提高了教学评价的科学性和公正性，还增强了学生的学习动力和成就感。

（四）就业机会和职业发展

通过校企合作，高校与企业建立紧密联系，为学生提供丰富的就业机会和职业发展路径。这种合作模式不仅为学生提供了实际工作的机会，还帮助他们了解和适应企业文化，提高其职业素养和专业技能。例如，高校可以与日本在华企业及日资企业建立长期合作关系，每年定期选派优秀学生到企业进行实习。通过参与企业的日常运营，学生能够直接接触到市场调研、客户服务、项目管理等实际工作，积累宝贵的实践经验，提升其专业能力和职场竞争力。此外，企业导师的指导也为学生提供了重要的职业发展支持。企业导师不仅为学生提供专业的业务指导，还为其职业规划和发展提供建议，帮助学生明确职业目标，制定职业发展计划。这种全面的支持，使学生在毕业后能够迅速适应职场，并在职业发展中取得成功。

另一方面，校企合作模式还通过各种实践项目和职业培训，为学生提供持续的职业发展机会。例如，高校可以与企业联合开发职业培训课程，涵盖市场营销、商务谈判、跨文化管理等多个领域，通过系统的培训，提升学生的综合素质和职业能力。企业还可以为学生提供职业见习和短期研修机会，让他们应用所学的知识和技能，提升职业素养。通过这些实践项目，学生不仅能够积累丰富的职业经验，还能够建立广泛的职业人脉，为其未来的职业发展打下坚实的基础。此外，企业还可以通过校企合作平台，直接招聘优秀的毕业生，为其提供就业机会。这种直接对接的招聘模式，不仅提高了企业的人才选拔效率，还为学生提供了稳定的就业渠道，极大地提升了其就业率和职业发展潜力。

在校企合作模式中，就业机会和职业发展得到了高度重视和全面支持。通过企业实习和职业培训，学生能够在实际工作中不断提升自己的专业能力和职业素养。企业导师的指导，使学生在职业发展中获得专业的支持和帮助，明确职业目标，制定科学的职业发展计划。各种实践项目和职业见习，不仅为学生提供了宝贵的实践机会，还帮助他们建立了广泛的职业人脉，提升了其就业竞争力和职业发展潜力。此外，校企合作平台的直接招聘模式，为学生提供了稳定的就业渠道，极大地提高了其就业率和职业发展机会。通过这种多方位的支持和帮助，商务日语人才培养模式实现了创新与实践，为学生的职业发展提供了坚实的保障和广阔的前景。

（五）学校与企业合作

通过建立紧密的校企合作关系，高校与企业可以共同制定人才培养方案，确保学生所学知识和技能与企业需求高度契合。例如，高校可以与日本在华企业及其他日资企业建立长期合作伙伴关系，定期进行交流和沟通，了解企业的最新需求和行业动态，从而调整和优化教学内容和培养方案。这种合作模式不仅使学生在校期间能够学习到最前沿的专业知识和技能，还能帮助他们更好地了解行业发展趋势，提升其职业素养和竞争力。同时，企业可以通过参与高校的课程设计和教学活动，分享其在商务实践中的成功经验和案例，帮助学生将理论知识与实际应用紧密结合，增强其实践能力和解决实际问题的能力。

校企合作还可以通过多种形式的实习与实训项目，为学生提供丰富的实践机会和职业发展路径。企业可以为学生提供各类实习岗位，让他们在实际工作中积累经验，提升职业技能。例如，学生可以在企业中参与市场调研、客户服务、项目管理等实际业务，通过亲身实践，了解和掌握商务日语在实际工作中的应用，增强其职场适应能力。同时，企业导师的指导也为学生的职业发展提供了重要支持。企业导师不仅在专业知识和技能上给予学生指导，还在职业素养和职业规划方面提供建议，帮助学生明确职业目标，制定科学的职业发展计划。通过这些实习与实训项目，学生不仅能够提升其专业能力和职业素养，还能够建立广泛的职业人脉，为其未来的职业发展打下坚实的基础。

高校与企业可以联合开发市场营销、商务谈判、跨文化管理等职业培训课程，提升学生的综合素质和。例如，企业派遣资深员工到高校讲授实际操作技能和经验，帮助学生更好地掌握商务实践中的关键技巧。通过这种联合培训，学生能够在掌握理论知识的同时，获得宝贵的实践经验，提升其综合能力和职业素养。此外，企业还可以为学生提供短期研修和见习机会，让他们进行实际操作，增强其实战能力。通过参与实践项目，学生不仅能够积累丰富的职业经验，还能够建立广泛的职业人脉，为未来职业发展打好基础。

二、双向导师制

（一）导师队伍构成

双向导师制是指学校与企业各自指派专业人员担任学生的指导老师，共同对学生进行指导，培养学生的语言能力与实践能力。

学校导师负责课堂教学工作，帮助学生构建扎实的语言基础，解决学生在学习过程中遇到的问题，指导学生写作论文及进行学术研究。学校导师还在学生的职业规划和就业指导方面发挥着重要作用。他们为学生的职业发展提出建议，分析就业前景、招聘资源和招聘信息等。

企业导师负责指导学生在实践中运用商务日语，为学生介绍企业的业务流程，引导学生顺利地融入企业，参与商务会议、客户沟通、合同谈判等实践活动，从而提升实践能力和职业素养。企业导师也可为学生的职业发展提供建议，并分享自己在职业生涯中积累的经验和教训。

（二）导师沟通机制

双向导师制为学生提供了丰富的学习资源，为了确保学生能够得到全面指导，校企之间须建立及时、顺畅的沟通机制，加强学校导师与企业导师的沟通；定期交流学生的学习和实践情况，共同协商学生的培养计划。

通过参与实习项目，学生不仅能够积累丰富的实践经验，还可以建立起与企业的深入联系，增加就业机会和职业发展的可能性。双向导师制提供了个性化的指导，有利于满足学生的个性化学习需求和职业发展目标。学校导师和企业导师会根据学生的兴趣、能力和发展需求，为他们量身定制培养计划和职业发展方案，提供针对性的指导和建议。这有助于学生更好地发掘自己的潜力和优势，找到适合自己的职业定位和发展路径。双向导师制还为学生提供了与专业人士和行业精英的交流机会，拓展了他们的人脉和社交圈子。学生可以通过与企业导师的互动和交流，了解行业内部的最新动态和发展趋势，获取来自实践经验的宝贵启示。双向导师制为学生提供了全方位、个性化的学习和发展支持，帮助他们全面提升商务日语能力和实践能力，增强就业竞争力，实现个人职业目标。

三、企业讲座与行业交流

商务日语人才培养模式中的校企合作模式是一种非常有效的培养途径。在这种模式下，学校与企业紧密合作，共同培养符合行业需求的商务日语人才。

（一）企业讲座

讲座的主题应该与商务日语相关，并且能够涵盖行业的核心内容，比如跨文化沟通、商务谈判、市场营销等。根据学生的学习阶段和需求，选择适合的主题进行讲解。学校可以与相关行业的企业合作，邀请其具有丰富经验和资历的代表前来举办讲座。这些企业代表可以是行业的资深从业者、经理人或者企业的人力资源负责人，能够为学生提供实用的建议和经验分享。讲座内容主要包括行业发展趋势、企业运作模式、商务日语在实际工作中的应用技巧等方面。通过案例分析、互动讨论等形式，学生更好地理解了所学知识，并能够将其运用到实际工作中。安排讲座的时间和场地要考虑学生的学习和生活安排，确保大多数学生能够参加。同时，设置互动环节，让学生有机会提问和交流，有助于加深他们对于讲座内容的理解，并且可以解决他们的疑惑和困惑。在讲座结束后，可以收集学生的反馈意见和建议，评估讲座的效果和质量，以便不断改进和优化讲座内容和方式，提升学生的学习体验。通过以上方式，企业讲座可以成为商务日语人才培养模式中的重要环节，为学生提供与实际工作相关的知识和经验，促进校企合作的深入发展，实现人才培养的双赢局面。

（二）行业交流活动

行业交流活动通常包括学生参加行业展会、企业参访以及行业研讨会等。通过这些活动，学生可以直接接触行业内部的工作环境和专业人士，深入了解行业的最新动态、发展趋势以及企业的运作模式。学校可以组织学生参加行业展会，让他们有机会近距离观察不同企业的展示和产品，了解行业内部的竞争格局和市场需求。企业参访则能让学生深入了解企业的生产流程、管理模式和企业文化，从而更好地理解理论知识与实际工作的关联。此外，学校还可以组织行业研讨会或专题讲座，邀请行业内的专家学者或企业代表分享行业发展趋势、技术创新以及人才需求等方面的信息。通过与专业人士的交流互动，学生可以获得更多实践经验和职业指导，提升自身的就业竞争力。

通过行业交流活动，学校与企业之间的合作得以深化，学生能够更好地了解行业的发展方向，为未来就业。

四、就业服务

（一）就业指导课程

学校与企业可以制定合作协议，明确双方在就业服务方面的责任和义务。协议中主要包括合作的具体内容、实施方案、资源支持等方面的条款，以确保双方的合作顺利进行。学校与企业合作提供实习机会。通过实习，学生能够在真实的商务环境中积累经验，提升实践能力，为未来的就业做好准备。此外，学校可以举办校企合作的就业活动，如校园招聘会、企业宣讲会等。这为企业提供了机会向学生介绍企业文化、岗位需求等信息，同时也为学生提供了就业机会。另外，学校与企业还可以共建实践基地，为学生提供实践教学和实习实践的场所。这些实践基地可以是企业的分支机构、实验室或者实训中心，为学生提供丰富的实践资源。学校与企业的合作还可以涉及行业研究与项目合作，共同解决行业面临的挑战，促进学术研究成果的转化与应用。这为学生提供了更多的实践机会和职业发展平台。

（二）就业信息发布平台

学校可以创建在线平台或者设立线下资源中心，作为就业信息发布平台的载体。这个平台可以收集整理各类就业信息，包括招聘信息、实习机会、职业介绍、行业动态等。该平台的特点之一是及时性。学校可以与各类企业、行业协会、人才招聘机构等建立合作关系，获取最新的就业信息，并通过平台及时向学生发布。这样，学生可以第一时间了解到各类就业机会，抓住合适的岗位。其次，这个平台应该具备全面性。除了招聘信息外，还应该提供相关的求职指导、职业规划建议等内容，帮助学生全面了解职场和就业形势，提升自身竞争力。另外，平台的易用性也很重要。设计应简洁明了，操作便捷，使学生能够轻松地浏览、搜索和获取所需信息。同时，平台还可以提供个性化的服务。比如，根据学生的专业、兴趣等信息，为其推荐相关的就业信息，提供个性化的求职建议，帮助其更好地规划职业发展路径。

（三）职业导师制度

职业导师制度旨在为学生提供个性化的职业指导，助力他们顺利就业并实现职业发展。在职业导师制度下，学校与企业共同确定具有丰富经验和资源的专业人士作为导师，这些导师通常是行业内的资深从业者、企业高管或校友。学校为每位学生分配一名导师，导师与学生之间建立联系，并定期进行职业指导活动。导师与学生之间的指导活动可以采取面对面会议、电话或视频会议等形式进行。在这些活动中，导师可以根据学生的需求和情况，提供个性化的职业建议、求职技巧和行业内部信息。除了提供指导和建议外，导师还可以为学生提供行业内部的资源支持，比如推荐实习岗位、引荐人脉关系、分享行业内部资讯等，帮助学生更好地了解行业需求和就业机会。职业导师制度还包括对学生职业发展情况的跟踪评估。导师与学生建立起长期的合作关系，定期跟踪学生的职业发展情况，并给予必要的评估和反馈，以促进学生的职业成长。通过职业导师制度的建立，学校与企业共同为学生提供个性化的职业指导，帮助他们更好地规划职业发展，增强就业竞争力，实现毕业生和企业的双赢局面。

（四）校企合作就业计划

校企合作就业计划旨在通过学校与企业的合作，为学生提供更多的就业机会、职业发展指导，从而更好地满足市场需求，促进学生和企业的双赢。校企合作就业计划的具体内容包括制定合作框架，明确双方的合作内容、范围和责任。确定合作框架有助于明确合作方向，推动合作计划的有效实施。在此基础上，学校与企业可以共享各自的资源，整合优势，为学生提供更多的就业机会和支持。学校可以提供教育资源、人才培养方案等，而企业则可以提供实习岗位、就业机会、行业信息等。此外，学校与企业合作开展实习计划，为学生提供实践机会。通过与企业合作，学校可以为学生安排更多的实习岗位，帮助他们在真实工作环境中提升能力。学校与企业也可以共同举办各类就业活动，如校园招聘会、就业讲座、企业参访等。这些活动为学生提供了与企业面对面交流的机会，帮助他们了解行业需求、拓展就业渠道。最后，学校可以建立校企合作平台，集中发布企业招聘信息、行业动态、职业规划指导等内容，为学生提供一站式的就业服务和导向。通过以上措施，校企合作就业计划可以为学生提供更多的就业机会和职业发展支持，促进人才培养与市场需求的对接，实现学校与企业的合作共赢。

第二节　跨文化交际能力的培养与实践

商务日语人才的培养除了语言能力外，跨文化交际能力也至关重要。下面介绍几种培养跨文化交际能力的方法。

一、文化课程设置

文化课程不仅涵盖语言学习，还包括对目标文化的深度理解和分析，通过系统的教学和丰富的课程内容，帮助学生掌握跨文化交流所需的知识和技能。

文化课程应当包括对目标国家历史、社会、政治、经济、习俗、礼仪等方面的全面介绍。这些内容的学习，可以帮助学生在与不同文化背景的人交流时，更好地理解对方的思维方式和行为习惯，减少文化冲突和误解。例如，在商务日语课程中，除了学习语言本身，学生还需要了解日本的商业礼仪、公司文化和社会规范等，这些知识对于在日企工作或与日本客户合作时，具有非常实际的指导意义。通过这种文化课程的学习，学生不仅能够提高语言能力，还能增强文化敏感性和跨文化理解能力，为未来的跨文化交际打下坚实的基础。

文化课程的设置应当注重实践性和互动性，通过多种教学方法和实践活动，增强学生的跨文化交际能力。例如，课程中可以引入案例分析、角色扮演、模拟谈判等互动环节，让学生在模拟的跨文化情境中，应用所学的知识和技能，提升其实践能力和应变能力。通过这些互动性强的教学活动，学生能够更好地理解不同文化背景下的沟通技巧，培养跨文化交际能力。

文化课程还可以通过组织文化交流活动，如国际文化节、跨文化交流工作坊、海外实习和交流项目等，提供学生与不同文化背景的人交流和合作的机会。在这些活动中，学生不仅可以锻炼语言能力，还可以在真实的跨文化环境中，体验和感受不同文化的魅力和挑战，增强其跨文化交际的实际操作能力。

文化课程设置在跨文化交际能力的培养中，注重知识的传授，还强调实践和体验的重要性。这种理论与实践相结合的教学模式，能够有效提高学生的跨文化交际能力。例如，通过文化课程的学习，学生可以了解日本的商务礼仪和沟通技巧，掌握在跨文化商务谈判中的沟通策略和应对方法；通过参与模拟谈判和角色扮演，学生可以在实践中应用这些知识，提升其跨文化沟通的实战能力；通过参加海外实习和交流项目，学生可以在真实的跨文化环境中，积累宝贵的实践经验和人脉资源，增强其跨文化适应能力和职业竞争力。

二、跨文化交流活动

跨文化交流活动为学生提供了理论学习平台。跨文化交流活动主要包括国际文化节、跨文化交流工作坊、海外实习等多种形式，为学生提供了与不同文化背景的人交流和合作的机会，使他们能够在真实的跨文化情境中，应用所学知识和技能，提升实践能力和应变能力。国际文化节汇聚来自不同国家和地区的学生，通过展示各自的文化、语言、传统和习俗，学生可以直观地感受到文化差异，增进对其他文化的理解和尊重。此外，跨文化交流工作坊则通过专题讨论、案例分析、角色扮演等互动环节，让学生在模拟的跨文化交流环境中，练习跨文化沟通，增强其跨文化交际的自信心和适应能力。

跨文化交流活动在跨文化交际能力的培养中，不仅注重知识的传授，还强调实践和体验的重要性。这种理论与实践相结合的教学模式，能够有效提高学生的跨文化交际能力。例如，通过国际文化节和跨文化交流工作坊，学生可以在互动和交流中，直接感受和理解不同文化的差异和共性，学会尊重和包容其他文化，提升其跨文化理解力和沟通力；通过海外实习和交流项目，学生可以在真实的跨文化环境中，应用跨文化沟通，解决实际问题，增强其跨文化交际的实战能力和职业竞争力。此外，这些跨文化交流活动还为学生提供了广泛的国际人脉资源，帮助他们建立起全球化的职业网络，为其未来的国际化发展提供了有力的支持和保障。

三、海外交流项目

海外交流项目为学生提供在国外学习、生活和工作的机会，使他们能够直接体验异国文化，从而增强跨文化理解力。海外交流项目能够为学生提供一个全新的学习环境，让他们在异国文化背景下进行学术学习和生活体验。例如，学生可以参加短期交换项目或长期留学项目，在国外的高校接受系统的课程教育。这不仅帮助学生提高语言能力，还能让他们深入了解和掌握所在国的历史、文化、社会和经济等方面的知识。这种沉浸式的学习和生活体验，有助于学生在实际的跨文化情境中，运用和检验其所学的跨文化交流技巧，培养其跨文化敏感性和包容性。通过与当地学生、教师和居民的互动，学生能够深入理解社会规范，提升跨文化交际能力。

海外交流项目不仅注重学术交流，还强调实践和职业发展。在这些项目中，学生可以通过参加海外实习、志愿服务、跨国项目合作等多种形式的实践活动，积累宝贵的跨文化工作经验。例如，学生可以在跨国公司、国际组织或当地企业实习，直接参与实际的业务运营和项目管理，了解和体验不同文化背景下的工作方式和管理风格。在这些实际的工作环境中，学生需要运用其跨文化沟通，与不同文化背景的同事和客户进行有效的交流和合作，解决跨文化交流中遇到的实际问题和挑战。这种实战经验不仅提高了学生的职业素养和专业能力，还增强了他们在跨文化环境中的适应能力和应变能力。此外，海外交流项目还可以通过短期的跨文化研讨会、工作坊和培训课程，帮助学生进一步提升其跨文化交际能力和国际视野。例如，通过参与国际学术会议和研讨会，学生可以了解和学习不同国家和地区的最新研究成果和发展趋势，与国际同行进行交流和合作，拓展其学术视野和专业网络。

海外交流项目在跨文化交际能力的培养中，不仅注重知识的传授和理论的学习，更强调实践和体验的重要性。这种理论与实践相结合的教学模式，能够有效提高学生的跨文化交际能力。例如，通过在国外的学习和生活，学生可以在实际的跨文化情境中，运用和检验其所学的跨文化交流技巧，提升其跨文化理解力和适应能力；通过参加海外实习和跨国项目合作，学生可以在真实的工作环境中，积累宝贵的实践经验，提升其跨文化交际能力和职业素养。此外，这些海外交流项目还为学生提供了丰富的国际人脉资源，帮助他们建立广泛的职业网络，为其未来的国际化发展提供了坚实的基础和有力的支持。

四、实践项目和实习

实践项目和实习为学生提供了在真实环境中接触不同文化的机会。通过参与跨国企业的实习或实践项目，学生可以直接接触到不同国家或地区的文化氛围，与当地员工或合作伙伴进行交流。例如，学生可能需要与来自不同国家或地区的同事共同工作，解决跨文化沟通中的问题，从而增强了他们的跨文化交际能力和适应能力。这种实践活动不仅可以让学生在实际操作中学习跨文化交际技巧，还可以深入体验不同文化背景下的工作方式和价值观念，从而提升跨文化理解力。

实践项目和实习还为学生提供了一个锻炼跨文化交际能力的平台。在实习或实践项目中，学生需要与来自不同文化背景的人员进行密切合作，共同完成各种任务和项目。这种实际的工作经历可以让学生了解并尊重不同文化之间的差异，学会如何有效地与跨文化团队合作，并且逐步培养出良好的跨文化交际技巧。例如，在与外国客户或合作伙伴的沟通中，学生需要注意语言表达的准确性和礼貌性，同时也需要考虑到文化差异可能带来的误解和挑战，从而更好地进行跨文化交际。这种实践中的体验和积累，可以有效提升学生的跨文化交际能力，为其未来的国际交流打下坚实的基础。

第三节　个性化教学在商务日语人才培养中的应用

个性化教学在商务日语人才培养中的应用可以帮助学生更有效地学习和掌握商务日语技能，并更好地适应他们的学习需求和能力水平。实施个性化教学需要注重以下方面。

一、基于学生水平的教学计划

基于学术水平的教学计划是根据学生的语言水平、学习目标和需求进行个性化设计，以确保教学内容和方法与学生的实际情况相匹配。教师首先需要对学生进行评估，了解他们的语言水平和学习需求。根据评估结果，将学生分成不同的学习小组或班级，以便针对不同水平的学生制定不同难度和内容的教学计划。个性化的教学计划需要针对学生的具体情况进行定制。对于已有一定商务日语基础的学生，可以安排更深入和专业的课程内容，如商务谈判技巧、商务信函写作等；而对于初学者，则可以从基础的日常用语和商务用语开始，逐步提高难度。在教学过程中，教师还应根据学生的学习风格和偏好选择合适的教学方法和策略。对于喜欢听觉学习的学生，可以增加听力训练和口语练习；对于喜欢视觉学习的学生，可以采用多媒体教学和图像辅助教学等方法。最后，个性化教学还需要提供定制化的评估和反馈。通过定期进行评估，及时发现学生的学习问题和困难，并给予针对性的指导和建议，帮助他们提高学习效果和成绩。通过以上个性化教学的应用，可以更好地满足学生的学习需求，提高他们的学习效果和成就感，从而更好地培养出适应商务日语需求的人才。

二、灵活的教学方法和资源

灵活的教学方法和资源是根据学生的学习风格、能力水平和需求进行调整，以提高他们的学习效果和学习动机。教师可以根据学生的学习风格选择合适的教学方法。例如，对于偏好视觉学习的学生，可以采用图像化的教学材料和多媒体教学方法，帮助他们更好地理解和记忆商务日语词汇和表达方式。而对于偏好听觉学习的学生，则可以增加听力训练和口语练习，提高他们的听说能力。教师还可以根据学生的能力水平和学习进度调整教学资源。对于学习速度较快的学生，可以提供更多的挑战性练习和拓展阅读材料，以帮助他们进一步提高商务日语水平；而对于学习速度较慢的学生，则可以提供更多的辅助教材和个性化辅导，帮助他们夯实基础，逐步提高学习效果。教师还可以利用各种教学资源丰富教学内容。例如，可以结合实际商务案例和情景，设计商务日语对话和角色扮演活动，让学生在模拟的商务环境中练习语言表达和交流技巧；也可以利用网络资源和在线学习平台，提供丰富多样的学习资料和交互式学习工具，帮助学生随时随地进行自主学习和复习。通过灵活的教学方法和资源，个性化教学可以更好地满足学生的学习需求，提高他们的学习效果和学习动机，从而更好地培养出适应商务日语需求的人才。

三、定制化的教学材料

定制化的教学材料强调根据学生的学习需求、兴趣和水平，设计和选择适合的内容和形式，以更好地促进他们的学习效果和学习动机。定制化的教学材料首先考虑到学生的学习需求和目标。根据不同学生的背景和职业规划，教师可以选择相关的商务日语教材和案例，帮助他们学习和掌握与自己领域相关的专业词汇和表达方式。定制化的教学材料还结合了学生的兴趣和实际情况。教师可以选择涵盖商务活动和场景的真实案例和商务文档作为教学材料，以增强学生的学习兴趣和动机。定制化的教学材料还根据学生的学习水平和能力进行调整。初学者可以选择简单易懂的教材和内容，帮助他们建立基础；而进阶学生则可以选择更深入和专业的教材和内容，以提高他们的商务日语水平。定制化的教学材料紧密结合实际商务情境进行设计和应用。利用真实的商务文档、商务谈判案例和商务会议模拟等教学材料，帮助学生在模拟的商务环境中练习语言表达和交流技巧，从而提高他们的商务日语应用能力。通过定制化的教学材料，个性化教学可以更好地满足学生的学习需求，提高他们的学习效果和学习动机，为他们的商务日语学习和职业发展提供有力支持。

四、个性化的学习辅导

个性化的学习辅导侧重于根据每位学生的学习需求、学习进度和学习风格，提供针对性的辅导，以帮助他们更有效地学习商务日语。个性化的学习辅导首先通过对学生的学习情况进行了解，从而能够为他们量身定制合适的学习计划和方法。教师可以与学生进行一对一的沟通，了解他们的学习目标、学习习惯以及学习上的困难和需求。基于这些信息，教师可以为每位学生制定个性化的学习计划，帮助他们更有针对性地提高商务日语能力。个性化的学习辅导还包括针对学生学习过程中的问题和困难进行及时的指导。教师可以定期与学生进行互动，帮助他们解决学习中遇到的困难，提供学习策略和技巧，激发他们的学习兴趣和动力。此外，个性化的学习反馈是个性化教学的重要组成部分。教师可以针对每位学生的学习表现进行定期的评估和反馈，帮助他们了解自己的学习进展和不足之处。通过及时的反馈，学生可以及时调整学习策略，更有效地提高商务日语水平。个性化的学习辅导可以帮助学生更好地理解商务日语知识，提高他们的学习效果。通过个性化的支持和指导，学生能够更有信心地应对商务日语学习中的挑战，为未来的职业发展打下坚实的基础。

五、自主学习支持

自主学习支持鼓励学生积极参与学习过程，自主探索和学习，以提高他们的学习效果和学习动机。教师提供教材、在线课程等。学生可以根据自己的学习需求选择合适的学习材料，自主学习和复习商务日语知识和技能。同时，教师还可以指导学生制定个性化的学习计划和学习目标。根据学生的学习水平和需求，教师可以帮助他们制定合理的学习计划，设定具体的学习目标，并提供相应的学习支持和指导。另外，教师可以鼓励学生参与各种学习活动和项目，如阅读商务日语资料、参加语言交流会、实践商务日语技能等。通过这些学习活动，学生可以提高自己的学习兴趣和动机，积累实践经验，加深对商务日语的理解和应用能力。最后，教师可以定期与学生进行学习反馈和评估。通过定期的学习检查和反馈，教师可以了解学生的学习情况和问题，并及时给予指导和建议，帮助他们解决学习中的困难，提高学习效果和成就感。通过自主学习支持，个性化教学可以更好地满足学生的学习需求，提高他们的学习效果和学习动机，从而更好地培养出适应商务日语需求的人才。

第三章　商务日语课程设计与教学方法

第一节　商务日语课程设计原则

商务日语课程设计应遵循以下原则，以确保课程内容的有效性、实用性和适应性。

一、需求导向

商务日语课程设计的需求导向原则是确保课程内容和教学方法与学生的实际需求和学习目标相匹配。需求导向原则涉及以下方面。

学生需求分析。在设计商务日语课程之前，首先需要对学生的需求进行全面的分析。这包括了解他们的语言水平、学习目标、职业背景以及预期的应用场景。通过调查问卷、面谈等方式收集学生反馈，帮助教师更好地了解学生的需求。

课程内容。基于学生需求的分析结果，设计课程内容时应针对性地选择教学内容。考虑到学生的职业需求和领域特点，课程内容可以涵盖商务日常用语、商务谈判技巧、商务信函写作等相关内容。

课程设计。任务驱动的教学方法也是需求导向的重要体现。课程设计应采用任务驱动的教学方法，即通过模拟真实的商务场景和任务，激发学生的学习兴趣和动机。这样的教学方法有助于将学习内容与实际应用场景相结合，提高学生的学习积极性。

个性化学习支持。根据学生的学习需求和水平差异，提供个性化的学习支持，主要包括为学生设计学习计划、提供课后辅导等。

二、任务驱动

任务驱动原则将学习置于实际任务和情境中，促使学生通过实际的商务活动来学习语言和技能[①]。任务驱动的课程设计基于以下几个方面。

课程设计应该模拟真实的商务场景，例如商务会议、电话谈判、邮件沟通等，让学生在模拟情境中运用商务日语进行交流和表达。设计具体的任务，要求学生完成特定的商务活动，如商务谈判、商务信函写作、电话询价等，使学生在任务完成过程中学习语言和技能。学生在任务驱动的学习中扮演着活跃的角色，他们需要主动参与任务的制定、执行和评估过程，从中获得实践经验和反思机会。在任务完成后，提供及时的反馈和评估，帮助学生了解自己的表现，并指导他们改进语言和技能，以便更好地完成下一次任务。任务之间应有一定的连贯性和递进性，逐步增加任务难度和复杂度，促使学生不断提高语言应用能力。通过任务驱动的课程设计，学生能够在实际商务情境中应用所学的商务日语知识和技能，提高他们的语言表达能力和应对能力。这种设计原则有助于将语言学习与实际应用相结合，增强学生的学习动机和学习效果。

三、沟通导向

沟通导向原则是确保课程内容和教学方法能够有效地提高学生的交际

---

① 常鸣，向兰兰，蔡国军等.泥石流实验教学任务驱动模式的探究［J］.实验室研究与探索，2023，42（06）：179-181+193.

能力和沟通技巧，使其能够在商务环境中流利、准确地进行沟通[①]。

　　课程设计应注重培养学生的口头和书面沟通能力。通过丰富多样的口语训练和书面表达练习，帮助学生掌握商务日语中常用的口头表达方式和书面写作技巧，使他们能够在不同商务场合下进行有效的沟通。课程设计应强调听力和阅读理解能力的培养。商务日语课程应提供大量商务对话和商务文档，让学生通过听力和阅读理解训练，提高他们理解商务信息和应对商务情境的能力。另外，课程设计还应注重培养学生的交际策略和跨文化交际能力。商务日语涉及不同文化背景和商务礼仪，因此课程设计应包括跨文化交际技巧的培训，帮助学生在商务交流中避免文化误解和沟通障碍。最后，课程设计应注重实践性教学活动。通过商务会议模拟、商务角色扮演、商务案例分析等实践性教学活动，帮助学生将所学的商务日语知识和技能应用到实际商务场景中，提高他们的交际能力和应对能力。通过沟通导向的课程设计，商务日语课程能够更好地培养学生的交际能力和沟通技巧，使他们能够在商务环境中自信地进行沟通，从而更好地适应商务工作的需求。

四、实践导向

　　实践导向原则是确保课程内容、教学方法能够与实际商务场景相结合，注重学生在实践中的应用能力培养[②]。这一原则涵盖了以下几个方面：

　　课程内容的实践性。课程设计应包括与实际商务活动相关的内容，如商务会议、商务谈判、商务邮件写作等。通过这些实践性的内容，学生能够更好地理解商务日语的实际运用，并在实践中提升语言能力和交际

① 常鸣，向兰兰，蔡国军等.泥石流实验教学任务驱动模式的探究［J］.实验室研究与探索，2023，42（06）：179-181+193.
② 桂文龙，刘俊栋，黄银云.基于实践导向的高职"1+3+X"劳动教育课程体系构建［J］.职业技术教育，2023，44（20）：34-38.

技巧。

教学方法的实践性。教师应采用多种实践性的教学方法，如角色扮演、案例分析、商务实训等，帮助学生在模拟的商务场景中进行实际操作和应用练习。这样的教学方法能够激发学生的学习兴趣和动机，促进他们的实践能力提升。学生参与的实践性：学生应该积极参与实践活动，通过实际操作和实践练习，提高自己的商务日语应用能力。教师可以组织学生参加商务会议模拟、商务交流活动等，让他们在实践中不断积累经验和提升能力。

实践性评估和反馈。课程设计还应包括实践性的评估和反馈机制，及时对学生的实践表现进行评估，并给予针对性的反馈和指导。这样的评估和反馈有助于学生了解自己的学习进展和不足之处，从而更好地调整学习策略和提升能力。通过实践导向的课程设计，商务日语课程能够更好地培养学生的实际应用能力，使他们能够在实际商务环境中自信地运用所学的商务日语知识和技能，更好地适应商务工作的需求。

五、教学多样化

多样化教学就是确保课程内容和教学方法多样化，以满足不同学生的学习需求和学习风格①。教师运用多样化的教学方法激发学生的学习兴趣，运用多样化的课程设计满足不同学生的学习需求，运用多样化的评价方式全面评价学生的学习情况和学习成果，从而更好地培养出商务日语人才。

---

① 贺越先，孔庆涛，王建等.基于核心素养的"初中体育多样化"教学体系构建[J].体育学刊，2022，29（02）：93-99.

六、反馈与评估

反馈与评估原则是确保及时了解学生的学习进展和问题，并通过有效的评估机制为其提供指导。这一原则涵盖了以下几个方面。课程设计应包括定期的学习反馈机制，例如每周或每月的学习反馈会议或个人讨论。通过这些反馈机制，教师能够及时了解学生的学习情况，发现问题并及时进行调整。课程设计应采用多样化的评估方式，包括考试、作业、项目评估、口语表现评估等。这样能够全面了解学生的学习情况和能力水平，而不仅仅是通过单一的考试成绩来评价学生。评估应该根据学生的个性化需求和水平差异进行，而不是采用一刀切的方式。教师可以根据学生的学习目标和能力水平，为其制定个性化的评估计划，并提供针对性的指导。评估结果应该及时向学生反馈，指出其在学习过程中的优点和不足之处，并给予具体的建议和改进意见。这样能够帮助学生及时调整学习策略，提高学习效果。课程设计应建立起持续改进的机制，根据学生的反馈和评估结果及时调整课程内容和教学方法，以提高课程的质量。通过反馈与评估的原则，商务日语课程能够更好地了解学生的学习情况和需求，及时发现问题并给予指导，从而提高学生的学习效果和满意度。

七、持续更新

持续更新指的是课程内容、教学方法和资源的不断调整和改进，以适应不断变化的商务环境和学生需求。

课程内容的更新是重中之重。商务领域日新月异，因此课程内容必须及时反映最新的商务趋势、用语和实践。定期审查和更新课程内容，确保其与当前商务实践密切相关，为学生提供最新、最实用的知识。

教学方法和资源的更新也至关重要。随着技术的发展，教学方法和资源也在不断更新和演进。教师需要不断学习和应用新的教学技术和工具，以提高教学效果和吸引学生的兴趣。

持续改进课程评估和反馈机制也是课程设计中的重要环节。教师需要定期评估课程的效果和学生的学习情况，并根据评估结果对课程进行调整和改进，以确保课程的质量和实效性。

与行业合作伙伴保持密切联系也是持续更新原则的重要体现。通过与行业合作伙伴开展合作项目、实习机会等形式，教师能够及时了解行业需求，调整课程内容和教学方法，使之更符合实际需求。

通过持续更新的原则，商务日语课程能够保持与时俱进，紧跟行业发展和学生需求的步伐，提高课程的实用性和吸引力，从而更好地培养学生的商务日语能力和应用能力。

第二节 教学目标与评估方法

教学目标是教师以学生的综合发展为出发点，对学生的学习成果做出的明确阐述。对商务日语教学目标的评价，需要包含以下方面。

一、口语表达能力

口语表达能力旨在培养学生在商务环境中流利、准确地运用日语进行口头交流的能力。评估学生口语表达能力的方法主要包括口语考试，定期组织口语考试，让学生在规定的时间内进行口语表达，例如面对教师或其他学生进行自我介绍、商务谈判模拟等，评估其口语流利度、语法准确性、词汇运用能力等。另外，口头演讲也是一种常见的评估方式，安排学生进行口头演讲，要求他们就特定主题或商务话题进行演讲，例如介绍一个产品、解释一项业务策略等，评估其口语表达能力、逻辑思维和表达流畅度。此外，角色扮演也是一种有效的评估方法，设计商务场景，要求学生扮演不同角色进行对话，例如客户和销售员之间的对话、同事之间的会议讨论等，评估其口语交际能力、应对能力和商务礼仪。最后，实际情境模拟也是一种常用的评估方法，创造真实的商务情境，例如电话谈判、面试、客户接待等，让学生在模拟的环境中进行口语表达，评估其应对不同场景的能力和专业表达水平。通过以上评估方法，可以全面地了解学生的口语表达能力，包括其语言运用的流畅度、准确性、临场应变能力以及在商务环境中的实际应用能力。这些评估方法旨在帮助学生不断提高口语表达水平，使其能够在商务场景中自信地进行口头交流。

二、书面表达能力

培养学生的书面表达能力使他们能够撰写符合商务规范的邮件、报告和其他书面文件。评估学生书面表达能力的方法包括书面考试，定期组织书面考试，要求学生在规定的时间内完成书面表达任务，例如撰写邮件、报告、备忘录等，评估其语法、拼写、格式和内容准确性。另外，写作作业也是一种常见的评估方法，布置不同类型的写作作业，包括商务邮件、商务报告、商务提案等，要求学生在指定的时间内完成，并提供详细的反馈和评价，帮助他们提高写作水平。此外，让学生参与实际的商务项目或模拟项目，要求他们撰写商务文档，如市场调研报告、业务计划书等，评估其在实际工作场景中的书面表达能力和专业水平。最后，要求学生对他人的商务文档进行编辑和校对，评估其语言审美和修改能力，以及对商务写作规范的理解和应用能力。通过以上评估方法，可以全面地了解学生的书面表达能力，包括语言运用的准确性、语法规范性、逻辑清晰性和专业性。这些评估方法旨在帮助学生提高商务日语写作水平，使他们能够在商务环境中准确、清晰地表达自己的思想和观点。

三、商务听力和阅读理解能力

通过培养学生的商务听力和阅读理解能力，使他们能够理解商务场景中的口头或书面信息。评估学生商务听力和阅读理解能力的方法包括听力测试，定期组织商务听力测试，播放商务对话、电话交流或商务演讲等录音，要求学生听取并理解其中的关键信息，然后回答相关问题或完成任务。此外，阅读理解测试也是一种常见的评估方式，布置商务文档阅读理解测试，要求学生阅读并理解文档内容，然后回答相关问题或完成相关任务。另外，可以提供真实的商务文档，如合同、报价单、市场调研报告等，要求学生阅读并理解文档内容，然后根据要求进行相关的商务决策或撰写商务回复。在课堂上，可以安排商务听力和阅读理解练习，让学生进行实践练习，并及时提供反馈和指导。最后，商务案例分析也是一种有效的评估方法，通过提供商务案例，要求学生理解案例中的情景和问题，然后进行分析和讨论，评估其商务听力和阅读理解能力以及解决问题的能力。通过以上评估方法，可以全面地了解学生的商务听力和阅读理解能力，包括对商务场景下信息的理解能力、提取关键信息的能力以及对商务文档的理解和分析能力。这些评估方法旨在帮助学生提高商务日语听力和阅读理解水平，使他们能够在商务环境中准确地获取和理解信息。

四、跨文化交际能力

培养学生的跨文化交际能力，可以让学术能够在跨文化环境下进行有效的商务交流[①]。评估学生跨文化交际能力的方法包括跨文化交际项目，设计跨文化交际项目，让学生与外国合作伙伴或来自不同文化背景的同学合作，完成商务任务或项目，评估其在跨文化环境下的沟通能力。另外，商

---

① 常鸣，向兰兰，蔡国军等.泥石流实验教学任务驱动模式的探究［J］.实验室研究与探索，2023，42（06）：179-181+193.

务案例分析是一种常见的评估方式，提供跨文化商务案例，要求学生分析案例中涉及的文化差异和沟通问题，然后提出解决方案，评估其对不同文化间交际挑战的认识和应对能力。在课堂上组织跨文化交际讨论，让学生分享自己的跨文化交际经验，讨论文化差异对商务交流的影响，评估其对跨文化交际的理解和反思能力。此外，进行文化敏感度测试也是一种有效的评估方式，通过问卷调查或在线测验等方式，评估学生对不同文化的认知程度和文化敏感度，以及其在商务交流中考虑文化因素的能力。最后，要求学生撰写关于跨文化交际项目的报告，总结项目经验和教训，分析跨文化交际策略的有效性，评估其对跨文化交际能力的理解和应用能力。通过以上评估方法，可以全面地了解学生的跨文化交际能力，包括对文化差异的认知和理解、跨文化交际能力、文化适应能力等方面。这些评估方法旨在帮助学生提高在跨文化环境中的商务交流能力，增强其在国际商务领域的竞争力。

五、商务词汇和惯用语的掌握

在商务环境中运用商务词汇和惯用语与他人交流。为了评估学生对商务词汇和惯用语的掌握程度，可以采取以下方法。

词汇测试，测试学生对商务词汇的理解情况。常见题型包括选择题、填空题或翻译题等。

商务对话，让学生在模拟的商务场景中运用所学知识进行对话。

商务写作，学生在商务信函、报告或其他商务文档中使用所学的商务词汇和惯用语，教师评估学生书面表达的准确性和专业性。

口语交流，评估学生在商务对话中是否能够自然地运用商务词汇和惯用语，以及其表达的流畅程度和准确性。

通过以上评估方法，可以全面地了解学生对商务词汇和惯用语的掌握情况，包括记忆、理解和应用能力。这些评估方法旨在帮助学生提高商务日语能力，使他们能够在商务场景中自信地运用所学知识进行交流和沟通。

六、商务礼仪和文化意识

通过培养商务礼仪和文化意识，学生在商务场合的表现更加得体、专业。为了评估学生的商务礼仪和文化意识，可以采取以下方法。

案例分析，教师提供真实商务场景，学生分析其中涉及的商务礼仪和文化差异，并进行讨论。教师根据学生的分析，评估其对商务礼仪和文化意识的理解程度。

角色扮演，让学生扮演不同文化背景下的商务人士，进行商务交流。通过观察学生在角色扮演中的表现，评估其对商务礼仪和文化意识的应对能力。

文化敏感度测试，通过问卷调查或在线测验等方式，评估学生对不同文化的认知程度和文化敏感度。考察他们是否能够意识到并尊重不同文化间的差异，以及在商务交流中考虑文化因素的能力。

商务写作，学生完成关于商务礼仪和文化意识的书面作业，总结自己对不同文化间商务交流的理解。通过评估学生的表达和分析能力，来了解其对商务礼仪和文化意识的掌握程度。

通过以上评估方法，可以全面地了解学生对商务礼仪和文化意识的掌握情况，包括对文化差异的认知和理解、跨文化交际技巧的应用能力等方面。这些评估方法旨在帮助学生提高在跨文化商务环境中的表现能力，增强其在国际商务领域的竞争力。

七、团队合作与沟通能力

培养学生的团队合作与沟通能力可以促进学生在商务环境中与他人合作，并有效地进行沟通。为了评估学生的团队合作与沟通能力，可以采取以下方法：

团队项目评估，安排学生参与团队项目，例如商务案例分析、商业计划制定等，评估他们在团队中的角色扮演、协作能力以及与团队成员的沟通交流情况。

小组讨论，让学生就特定商务话题展开讨论，并在讨论后进行小组间反馈，评估他们的讨论能力、倾听能力以及对他人观点的理解与回应能力。

小组任务，学生以小组为单位完成商务项目，并进行团队项目报告，通过评估报告的内容和呈现方式，以及团队成员之间的协作程度，来评估学生的团队合作与沟通能力。

角色扮演，让学生在模拟的商务情境中扮演不同角色，通过与其他角色的互动，评估他们的沟通技巧和团队合作能力。

口头表达，让学生就特定主题进行演讲或展示，评估其表达能力、逻辑思维能力以及与听众沟通的能力。

通过以上评估方法，可以全面地了解学生的团队合作与沟通能力，包括他们在团队中的角色扮演、协作能力、倾听能力、表达能力等方面的表现。这些评估方法旨在帮助学生提高团队合作与沟通能力，使他们能够更好地适应商务工作中的团队合作和沟通需求。

八、自主学习能力

通过自主学习能力培养，可以使学生在课程结束后持续自主学习并提高自己的语言水平和商务能力。为了评估学生的自主学习能力，可以采取以下方法：

学习日志，要求学生每周撰写学习日志，记录自己的学习进展、学习收获和学习计划。通过学生的学习日志，可以评估其对学习目标的认识和规划能力，以及对自主学习的态度和方法。

自主学习，例如阅读商务相关书籍、观看商务日语视频、参加在线课程等。通过学生选择的学习项目和展示的学习成果，评估其自主学习能力和学习动机。

经验分享，例如如何有效地记忆生词、如何提高听力理解能力等。通过学生的分享，评估其对学习方法的理解和应用能力，以及对自主学习的反思和总结能力。

成果展示，学生展示自主学习所取得的成果。通过学生的展示内容和表现方式，评估其自主学习能力和学习成果。

课后反思，学生分析自己的学习过程和学习效果，总结学习经验和教训，提出改进和进步的建议。通过学生的学习反思，评估其对自主学习的认识和实践能力。

通过以上评估方法，可以全面地了解学生的自主学习能力，包括其对学习目标的认识和规划能力、学习动机和方法、学习成果和进步以及学习反思和总结能力等方面。这些评估方法旨在帮助学生培养自主学习能力，提高其在商务日语学习中的主动性和持久性，从而更好地实现个人学习目标。

第三节　商务日语教学方法创新

随着科技的不断进步，教师需要根据学生的特点量身定制适合他们的教学方法，最大限度地提升教学效果。下面介绍几种新颖的教学方法。

一、项目式学习

项目式学习（Project Based Learning）是由"设计教学法"演变而来。在教学中，学生以小组为单位，在教师的指导下合作完成一个商务项目。教师可以结合商务日语学习的实际需求，设计出具有挑战性的商务项目。在项目设计阶段，教师需要选择与商务日语相关的真实商务项目，如市场调研、产品推广、商务谈判等，并明确项目的目标、范围和任务分配。学生以小组为单位参与进来，每个小组成员负责不同的任务，团队合作完成一个项目。学生需要运用商务日语进行市场调研、客户沟通、商务谈判等活动，在完成项目后，以口头汇报、书面总结等方式展示学习成果。学生在实践中深度学习商务日语知识，培养解决问题的能力、合作能力。

项目式学习偏重实践，学生被赋予更多的自主权，他们在解决实际商务问题的过程中，需要自主地进行学习、探索和合作；需要收集和分析相关信息、调查市场需求、研究竞争对手；需要自主设计各环节目标，并采取相应的研究策略和方法；以小组为单位，共同完成项目任务；以口头汇报、书面总结等方式，展示、分享学习成果。这种以学生为中心的教学方法能够激发学生的学习兴趣，极大地提高了教学效果。

团队合作体现在项目式学习的每一个环节。学生通过参与真实的商务项目，实践商务日语技能和知识，从而更好地理解和应用所学内容。在此过程中，学生不是被动地接受知识，而是以实践的方式主动参与商务项目，深入理解商务日语的应用场景和使用技巧。这种实践性学习不仅可以提高学生的语言能力，还能培养其解决问题、团队合作和创新能力。

二、模拟教学

（一）角色扮演

模拟教学是指运用多媒体技术模拟出某种自然现象或社会现象，然后由学生模拟扮演具体角色进行学习的一种教学方法。教师根据教学目标、教学内容设计任务角色，例如销售方、采购方、合作方等。学生则扮演销售经理、客户代表、导游人员等角色进行商务对话，深入理解商务交流的流程和技巧。通过角色扮演，学生能够更好地理解商务交流中不同角色的身份定位。

在活动结束后，教师对学生的表现进行评估，并提出有针对性的建议。通过角色扮演，学生可以在模拟的商务情境中实践商务日语技能，提高口语表达能力和沟通技巧。这种创新的教学方法有助于激发学生的学习兴趣。

（二）案例分析

在虚拟的商务环境中，学生可以实践商务日语技能，培养其商务沟通能力和解决问题的能力。教师可以准备一系列真实的商务案例，涉及不同的商务情境，如商务谈判、客户拜访、产品推广等。每个案例都包含一段商务对话或情境描述，学生需要根据案例内容进行分析和讨论。

学生被分成若干小组，每个小组扮演不同的商务角色，如销售经理、客户代表、市场分析师等。他们根据案例内容扮演相应的角色，展开商务对话和交流，讨论解决问题的方案。讨论和分析，学生通过分析案例内容和角色扮演，讨论商务对话中涉及的问题，探讨解决问题的方法和策略。他们可以在小组内展开讨论，也可以在全班范围内分享观点和经验。反馈和总结，教师可以对学生的角色扮演和讨论进行反馈和总结，指导他们发现问题、分析原因，并提出改进建议。学生也可以相互评价和反思，在案例分析结束后总结经验和教训。通过案例分析来模拟商务会话，可以让学生在虚拟的商务环境中进行实践和探索，培养其商务沟通能力、解决问题的能力和团队合作能力。这种创新的教学方法有助于激发学生的学习兴趣和积极性，促进他们在商务领域的综合能力发展。

三、虚拟商务环境

（一）实践性学习

通过创建虚拟的商务场景，让学生在其中参与各种商务活动和对话，从而实践商务日语的应用能力。虚拟商务环境的实践性学习包括以下方面：模拟商务对话：学生在虚拟环境中扮演不同的商务角色，参与模拟商务对话和交流。他们可以与虚拟角色或其他学生进行商务会话，包括商务谈判、客户服务、电话沟通等，从而锻炼商务日语的口语表达能力和沟通技巧。实践商务活动：在虚拟商务环境中，学生可以参与各种商务活动，如产品推广、市场调研、会议讨论等。通过实际参与这些商务活动，他们可以理解商务日语的应用场景和相关专业知识，提升自己的实践能力。解决实际问题：学生在虚拟商务环境中遇到各种商务问题，需要运用商务日语和解决问题的能力来应对。这种实践性学习可以帮助学生培养解决问题的能力和创新思维，提升其在商务领域的竞争力。个性化学习：虚拟商务环境可以根据学生的学习需求和水平进行个性化设置，提供不同难度和情境的商务场景。学生可以根据自己的学习目标选择适合自己的学习内容和挑战，从而实现个性化的学习和提升。通过实践性学习在虚拟商务环境中，学生可以在模拟的商务场景中积累实际经验，提升自己的商务日语能力和实践能力。这种创新的教学方法有助于激发学生的学习兴趣和积极性，促进其在商务领域的综合能力发展。

（二）安全性和成本效益

在虚拟商务环境中，学生可以在模拟的商务场景中进行实践性学习，参与商务对话和活动，而无需真实的商务环境和资源。这种方法的安全性主要体现在学生不会面临现实商务环境中的潜在风险和安全隐患，如与客户的沟通失误、商务谈判的失败等。学生可以在虚拟环境中自由探索、实践和学习，而不必担心可能出现的负面影响，从而增强学习的自信心和积极性。另外，利用虚拟商务环境进行教学还具有成本效益。相比于组织实地商务活动或购买商务资源，建立和维护虚拟商务环境所需的成本相对较低。学校可以通过在线平台或虚拟现实技术提供虚拟商务环境，为学生提供高质量的商务教育资源，同时节约教学成本和资源投入。这使得更多的学生能够接触到实践性的商务学习机会，促进其商务日语能力的提升。因此，虚拟商务环境作为一种创新的商务日语教学方法，不仅可以提供安全、实践性的学习环境，还具有成本效益，有助于促进学生的学习体验和教学效果。

（三）个性化学习

在虚拟商务环境中，个性化学习是指学生根据自己的学习需求、兴趣和水平，在虚拟环境中进行学习。个性化学习具有以下特点：定制学习内容、自控学习速度、学习方式多样化以及个性化反馈和指导。通过利用虚拟商务环境进行个性化学习，学生可以根据自己的学习需求进行定制化的学习，提高学习的效率和成效。这种创新的教学方法有助于激发学生的学习兴趣和积极性，促进其在商务日语学习中的个性化发展。

（四）创新性和趣味性

虚拟商务环境的创新性在于能够提供不同于传统课堂的教学环境。学生在虚拟环境中与其他角色互动，加深了对商务日语理解和应用。虚拟商务环境的趣味性在于能够丰富学生的学习体验。学生可以参与各种有趣的虚拟商务活动，更容易记忆和掌握所学内容。

四、游戏化学习

游戏化学习是一种将游戏设计和元素应用到教育过程中的方法。通过引入游戏机制、挑战和奖励系统，激发学生的学习兴趣和积极性，促进知识的吸收和技能的培养。这种学习方式使学习过程更加互动和愉悦，提高了学生的参与度和学习效果，同时也培养了他们的团队合作和问题解决能力。

（一）商务日语游戏设计

商务日语游戏设计是以商务日语为主题的应用程序或在线平台，通过游戏任务促进学生的商务日语学习。商务日语游戏的设计包括以下几个方面：语言对话模拟游戏、商务场景角色扮演游戏、商务情景解决问题游戏以及商务日语词汇闯关游戏。通过设计这些商务日语游戏，学生可以在轻松愉快的氛围中进行商务日语学习，增强学习的趣味性和互动性。这种创新的教学方法有助于激发学生的学习兴趣和积极性，提高他们的学习效果和商务日语应用能力。

（二）游戏化学习任务

设计游戏化学习任务也是游戏化学习的一种。这一任务结合了商务日语学习的目标与游戏元素，通过挑战性和趣味性的游戏任务激发学生的学习兴趣和积极性。游戏化学习任务的设计包括以下几个方面：商务日语挑战关卡、解锁商务日语成就奖励、商务日语任务追踪与排名以及学习任务奖励与积分系统。这些游戏化的学习任务丰富了商务日语课程内容体系，提高了学生的学习积极性。

（三）商务日语游戏应用

商务日语游戏融合了游戏元素和商务日语学习内容，具有以下特点：多样的游戏类型、互动式的学习体验、时时追踪学习进度。学生边玩游戏边学习商务日语，有效提高了语言应用能力。

（四）游戏化学习平台

通过建立游戏化学习平台，可以为学生提供一个集中、交互和游戏化的学习环境，让他们以更具吸引力和愉悦的方式学习商务日语。这种平台的特点和功能包括多样化的学习游戏、学生互动和合作、学习进度跟踪以及挑战和奖励系统。通过这样的平台，学生可以在有趣、互动和有效的学习环境中提高商务日语能力，激发学习兴趣和积极性，促进学生的学习效果和应用能力的提升。

五、多媒体教学资源

（一）视听结合

视听结合就是指利用视听材料，为学生提供更加生动、直观的学习体验。在课堂上使用多媒体资源，可以使教学内容变得更加生动形象，从而激发学生的学习兴趣。

可以利用视频教学资源。通过制作商务场景的视频，展示真实的商务交流情境，如商务会议、电话谈判、商务招待等。这样的视频可以让学生在观看中学习日语表达和交流技巧，更直观地了解日语在实际商务场景中的运用。

虚拟商务场景模拟是另一种创新的方法。通过虚拟现实技术或在线商务模拟平台，学生可以在虚拟的商务场景中进行角色扮演和交流实践。这种互动式的学习方式可以帮助学生更好地应用所学的商务日语，提高他们的语言应用能力。

设计互动式的多媒体课件也是一种有效的教学方法。通过结合图片、音频、动画等多媒体元素，设计丰富多彩的课件，可以帮助学生更好地理解商务日语的词汇、句型和语境，增强他们的记忆和理解能力。

还有一种创新的方法是开发在线商务角色扮演游戏。通过这样的游戏，学生可以扮演不同的商务角色，进行商务交流和沟通。通过互动游戏，学生可以在实践中学习商务日语，提升他们的语言应用能力。

最后，实地考察和案例分析也是一种有效的教学方法。组织学生实地考察企业或商务活动，让他们亲身体验商务环境，了解日本商务文化。同时，结合案例分析，深入探讨商务日语的应用，帮助学生更好地掌握商务日语技能。

通过结合多媒体教学资源，可以使商务日语教学更加生动形象，提高学生的学习效果。

（二）互动体验

借助多媒体教学资源可以实现互动体验。通过结合文字、图片、音频、视频等多种媒体形式，为学生提供丰富的学习内容和互动体验。多媒体教学资源能够激发学生的学习兴趣和积极性。相比于传统的纸质教材，多媒体资源更加生动直观，能够通过图像、动画、音频等形式将抽象的知识转化为具体形象，使学生更容易理解和记忆。例如，利用多媒体课件展示实验过程或历史事件的重现，可以让学生身临其境地感受到知识的魅力，激发他们对学习的兴趣。

多媒体教学资源还能够提供丰富的互动体验，促进学生的参与和反馈。通过多媒体教学平台，学生可以根据自己的学习进度和兴趣选择学习内容，自主学习并进行实时交流和讨论。同时，多媒体资源还可以设置各种形式的互动环节，如在线测验、游戏化学习等，让学生在参与中学习，在互动中提高。这种互动性不仅丰富了教学形式，也提高了学生的学习效果和学习满意度，促进了教学过程的质量。

（三）个性化学习

利用多媒体教学资源实现个性化学习，教师可以根据每个学生的学习风格、兴趣和水平设计相应的教学内容和方式；可以定制化学习内容，根据学生的学习需求选择合适的学习材料；可以设计个性化学习路径，根据学生的学习进度和理解程度设计不同难度和风格的学习内容；可以设计交互式学习活动，如在线测验、语音识别练习等，实时调整满足学生的个性化学习需求；可以运用智能算法，根据学生的学习历史和偏好推荐学习资源；可以提供实时反馈，纠正学生的错误，提供个性化的学习辅导。

个性化学习有助于学生提升语言能力，增加学习的趣味性和吸引力。

六、个性化学习路径

（一）课程内容定制化

课程内容定制化是实现商务日语个性化学习的一种重要路径。定制化课程能够根据学生的学习目标、水平和需求，量身打造适合其个性化学习的内容和教学方案。通过对学生的学习需求进行深入了解和分析，教师可以针对不同学生的特点和背景，设计出更加贴合其学习需求的课程内容，从而提高学习的针对性和有效性。例如，对于有特定行业背景或职业需求的学生，可以开设针对性强的商务日语课程，涵盖与其工作相关的专业词汇、实用会话技巧等内容，帮助其快速提升在工作中的语言应用能力。

定制化课程还可以充分考虑学生的学习偏好和学习风格，为其提供更加个性化的学习体验。通过采用多样化的教学方法和资源，如视频教学、实践案例分析、小组讨论等，可以满足不同学生的学习需求和喜好，激发其学习兴趣，增强学习的积极性和主动性。此外，定制化课程还可以根据学生的学习进度和反馈及时调整和优化教学内容和方案，保证教学的灵活性和适应性，进一步提高学生的学习效果和满意度。

（二）学习速度调整

商务日语的个性化学习路径中，调整学习速度是至关重要的一环。个性化学习要求根据学习者的需求和能力水平，灵活地调整学习进度。通过调整学习速度，可以使学习者在适当的时间内消化和吸收知识，避免过快或过慢导致的学习效果不佳。其次，学习速度的调整还可以根据学习者的学习习惯和偏好进行个性化定制，从而提高学习的有效性。通过了解学习者的学习节奏和喜好，教学者可以有针对性地设计学习计划和教学内容，使学习过程更加符合学习者的需求，从而提升学习动力和学习成效。

个性化学习路径中的调整学习速度也可以通过智能化技术实现。借助现代技术，如人工智能和大数据分析，可以根据学习者的学习表现和反馈，动态地调整学习速度和难度。通过收集学习者的学习数据和行为模式，系统可以自动生成个性化的学习推荐，包括合适的学习节奏和内容难度，从而更好地满足学习者的学习需求。这种智能化的个性化学习路径不仅可以提高学习效果，还可以为学习者提供更加便捷和舒适的学习体验，促进其持续学习的动力和积极性。

（三）学习资源选择

学习资源选择是实现个性化学习的一种路径。教师可以提供丰富多样的学习资源，包括教科书、课堂讲义、在线课程、视频教程、音频材料、互动应用程序等。这样的资源丰富性可以让学生选择最适合自己学习方式的内容。此外，根据学生的学习偏好和目标，教师可以为他们推荐特定的学习资源。个性化推荐可以帮助学生更快地找到符合他们需求的资源，提高学习效率。鼓励学生根据自己的兴趣和需求选择学习资源也是一种有效的方法。教师可以为学生提供一个资源库或推荐列表,让他们根据自己的喜好自主选择适合自己的学习材料。通过以上方法,教师可以为学生提供更加个性化和针对性的学习资源,从而激发他们的学习兴趣,提高学习效果。

(四)个性化练习

教师根据学生的实际情况设计练习项目,促进他们的学习进步。例如,创设商务情境,让学生围绕某一主题进行对话练习,有针对性地提高商务日语能力;设计口头测试、书面作业、项目作业等,全面评估学生的商务日语能力;鼓励学生记录学习过程中的感受、困难和收获,并定期与教师分享。

第四节　多媒体与技术在商务日语教学中的应用

一、交互式课堂

(一)多媒体教学资料

教师可以通过在线学习平台提供商务日语课程内容,包括视频教程、音频资料、练习题和互动模拟等资源,使学习更加灵活便捷。利用多媒体课件,如 PowerPoint 或 Prezi 等,呈现商务日语的实际应用场景、商务礼仪、沟通技巧等内容。通过图片、视频和动画等形式吸引学生的注意力,提升教学效果。设计商务日语相关的互动式学习游戏,如单词拼图、语法填空、角色扮演等,能够在轻松愉快的氛围中增强学习动力和兴趣。利用虚拟沟通工具，如视频会议软件或在线聊天工具，模拟商务日语的实际沟通场景，如日常对话、电话交流等，提升学生的实际应用能力。借助虚拟实境技术或在线模拟平台，模拟商务日语的实际工作场景，如商务会议、销售谈判、客户服务等，让学生在模拟环境中学习并实践商务日语应用技能。这些多媒体教学资料的应用，不仅使商务日语教学更加生动、灵活，还能够更好地满足学生的学习需求，提升他们的学习动力。

（二）互动式学习软件

互动式学习软件可以设计各种类型的练习和游戏，例如单词拼图、语法填空、角色扮演等，让学生在愉快的氛围中学习商务日语，提升他们的学习兴趣和动力。这些软件通常具有个性化学习功能，根据学生的学习进度和水平，提供定制化的学习内容和建议，帮助他们更有效地掌握商务日语知识和技能。此外，互动式学习软件还可以模拟商务场景，例如商务会议、销售谈判、客户服务等，让学生在虚拟环境中实践商务日语沟通技能，增强他们的实际应用能力。通过这些互动式学习软件，商务日语教学可以更加生动、灵活，满足不同学生的学习需求，提升他们的学习效果和成就感。

（三）虚拟沟通实践

交互式课堂利用多媒体投影仪或电子白板展示商务场景，如会议、谈判、邮件写作等，让学生通过观看、模仿、互动，加深对实际场景的理解和运用能力。同时，利用在线教学平台或应用程序进行即时投票、小组讨论、在线测验等活动，激发学生的参与度和学习兴趣，促进知识的消化和吸收。虚拟沟通实践则通过视频会议工具模拟商务沟通场景，让学生在虚拟环境中实践商务日语的运用，如电话谈判、视频会议、商务交流等，提升他们的口语表达能力和沟通技巧。此外，通过虚拟角色扮演游戏或模拟情景演练，让学生扮演不同商务角色，进行实时对话和交流，从而培养他们的实际应用能力和解决问题的能力。通过这些应用，学生可以更加生动地感受到商务日语的实际运用场景，提高他们的语言表达能力和沟通技巧，为将来的商务实践打下坚实的基础。

（四）在线讨论

多媒体技术在商务日语教学中的应用包括交互式课堂具体为在线讨论和合作。通过在线讨论，学生可以深入讨论商务话题，分享自己的见解，从而提高商务日语的理解和运用能力。而通过合作项目，学生可以与同学共同完成商务任务，例如商务计划书的撰写或商务演示的准备，从中学习团队合作和协调能力，加深对商务实践的理解。这些交互式的学习方式不仅能够激发学生的学习兴趣，还能够提高他们的学习效果和实际应用能力。

二、语音识别和语音合成技术

（一）语音识别练习

语音识别技术可以用于语音识别练习，帮助学生提高口语表达能力和发音准确度。学生可以利用语音识别技术进行口语练习，朗读商务日语对话、短文或商业新闻，并将其录入系统中。系统会自动识别学生的发音并给出反馈，包括准确度、流畅度等，帮助他们改进发音技巧和语调。此外，语音识别技术还可以对学生的发音进行实时评估，即时反馈发音准确度，并提供建议，帮助他们纠正错误、改进发音。通过个性化的学习建议和进度追踪，学生可以更有效地进行口语练习，提高口语表达能力。

（二）听力训练

语音识别和语音合成技术在听力训练方面发挥着重要作用。具体来说，可以采取以下方式：语音识别技术可以提供实时反馈，学生可以通过朗读商务日语文本并使用语音识别软件，获得实时的发音评估和纠正建议，帮助他们改善发音准确度。同时，学生可以使用语音识别技术自主进行口语练习，随时随地进行语音输入并获得反馈，提高口语表达能力。语音合成技术可以生成商务日语对话或文章的音频，让学生模仿跟读，帮助他们提高语调、语速和语音连贯性。此外，教师可以利用语音合成技术制作商务日语听力材料，包括商务会话、电话对话等，以增加学生对真实语音环境的接触。通过这些技术的应用，可以提高学生的听力理解能力、口语表达能力和商务日语应用能力，使他们更加自信地应对商务场景中的交流和沟通。

（三）语音合成教学

语音合成技术也可以应用到语音合成教学中。利用语音合成技术生成商务日语对话，包括典型的商务场景和交际情境，让学生听取这些模拟对话，并跟读以提高他们的语音、语调和流畅度。此外，可以利用语音合成技术生成标准的商务日语发音示范，让学生听取这些示范并模仿，帮助他们准确地发音和掌握语音规则。语音合成技术还可以用来制作各种听力材料，如商务电话对话、商务会议录音等，学生可以通过听取这些材料来提高他们的听力理解能力和商务日语应用能力。最后，语音合成技术还可以用于制作教学资源，如语音课件、听力练习录音等，丰富教学内容，提升学习效果。通过这些方式，教师可以提供更加生动、具体和实用的教学内容，帮助学生更好地理解商务日语，并提高他们的口语表达能力和听力水平。

（四）语音辅助工具

语音识别技术可以实时纠正学生的发音错误，进行语音转文字训练，以及提供个性化的口语练习反馈。而语音合成技术则可用于提供商务对话和电话沟通等听力练习材料，根据学生的需求生成不同语速和语调的语音内容，以及为文字内容添加朗读功能，帮助学生提高阅读能力和理解文章意思。这些技术的应用丰富了商务日语教学的形式，提高了学习效率，有助于学生更快地掌握日语口语和听力技能，从而更好地适应商务交流的需求。

三、移动应用

（一）在线课堂

移动应用和在线课堂是两个重要的方面。移动应用提供了便捷的学习方式，学生可以随时随地通过手机或平板电脑进行学习。这些应用可能包括单词记忆应用、语法练习应用、商务会话模拟应用等，为学生提供了高度灵活的学习体验。同时，利用在线课堂技术，教师和学生可以在虚拟环境中进行实时互动，分享教学资源，进行讨论和练习。这种方式不仅提供了高效的远程学习机会，还能够模拟真实商务场景，帮助学生更好地理解和运用所学知识。综合利用移动应用和在线课堂技术，可以为商务日语教学带来更加丰富、便捷和有效的学习体验。

（二）虚拟实境（VR）和增强实境（AR）技术

在商务日语教学中，多媒体与技术的应用已经逐渐成为一种趋势，其中虚拟实境（VR）和增强实境（AR）技术都发挥着重要作用。虚拟实境（VR）和增强实境（AR）技术为学生提供了更加身临其境的学习体验。学生可以模拟真实的商务场景，如商务会议、商务交流、商务谈判等，从而更好地理解日语在商务环境中的应用。这种沉浸式的学习体验可以增强学生的学习兴趣和参与度，提高他们的学习效果。

（三）个性化学习

个性性化学习通过技术手段根据每个学习者的需求和学习情况，为其量身定制学习计划和教学内容。这可以通过学习平台的智能算法或学习管理系统来实现，根据学习者的学习进度、兴趣和学习风格，为其推荐适合的学习材料和任务，以提高学习效果和满足个体化的学习需求。综合考虑移动应用和个性化学习的应用，商务日语教学可以更加灵活、个性化和高效，满足学习者不同的学习习惯和需求，促进其在商务日语领域的全面发展。

第四章　企业需求与商务日语人才培养的对接

第一节　企业对商务日语人才的需求分析

一、问卷调查分析

（一）基本情况

为了解商务日语人才的社会需求和就业现状，著者通过网上问卷星进行了问卷调查。本次调查问卷以鲁东大学、山东工商学院日语专业往届毕业生中从事日语相关工作的人作为调查对象，收回有效问卷101份，问卷有效率为100%。

（二）调查结果与分析

职业需求多样化：调查显示，商务日语人才的需求在职业和职场上呈现多样化，涵盖了营销、生产管理、技术等多个领域，这表明商务日语人才在不同行业和岗位中都有广泛的应用需求。人群特征：商务日语从业人员中，女性比例较高，年龄主要集中在 35～39 岁，学历以学士为主，工作年限多集中在 10~15 年。这些特征有助于了解商务日语从业人员的整体情况和特点。技能需求：调查显示，商务日语工作中听、说、读、写、翻译等能力均重要，尤其是听和说的能力更为突出。同时，学生对课堂教材的实用性有一定的认知，但也反映出对实务实训的需求。教育培训需求：调查结果显示，学生希望在大学期间能够进行实践教学，跨学科专业能力方面以财务金融、贸易、计算机网络应用为主。在综合职业能力培养方面，沟通交际能力、学习思考能力、耐挫抗压能力、团队协作能力等需要加强培养。

二、企业商务日语人才应具备的能力

从调查结果来看，有必要加强学生的听力和口语能力。参加日企的面试和小组讨论时，高度的口语能力是成功的关键。作为商务日语专业人才教育最基本的一环，就是提高学生的日语口头应用能力。

（一）听力能力

企业商务日语人才应具备的能力之一是听力能力。在商务环境中，有效的听力能力对于与日本客户、合作伙伴或同事进行沟通至关重要。以下是商务日语人才在听力能力方面需要具备的几个关键能力：

1. 听懂不同口音和语速

商务环境中的有效沟通需要商务人士能够准确理解对方的意图和表达，而听力是实现这一目标的关键技能之一。在商务交流中，日语口音和语速的差异是常见的挑战。日本是一个地域文化多样性较高的国家，各地区的人们可能有着不同的口音和方言。因此，商务人士需要具备辨别和理解不同口音的能力，以确保他们能够准确地理解来自各地区的商业伙伴和客户的表达。商务场合中，人们的语速也会因人而异。有些人可能说得很快，而另一些人可能说得相对较慢。因此，商务人士需要能够适应不同的语速，并且能够在各种情况下准确地理解对方的意思。为了提高商务日语听力能力，商务人士可以通过多种途径进行训练。例如，他们可以定期听取商务会议录音、商务电话录音以及商业演讲等素材。通过反复练习和接触各种素材，商务人士可以逐渐熟悉不同的口音和语速，从而提高自己的听力水平。

2. 理解专业术语和行业用语

在商务交流中，特定行业或领域通常会使用特定的术语和用语。因此，商务日语人才需要能够理解和应用这些术语和用语，以确保与商业伙伴、客户和同事之间进行高效的沟通。在商务领域中，各种专业术语和行业用语的使用是非常普遍的。无论是在金融、制造业、技术、医疗保健还是其他领域，都存在大量的专业术语和行业用语。商务日语人才需要通过学习和积累，掌握所涉及领域的专业术语和行业用语，以便在商务交流中准确地表达自己的意图并理解对方的表达。理解专业术语和行业用语不仅需要对这些术语和用语的含义有清晰的认识，还需要对其在具体情境中的应用有所了解。商务日语人才需要能够在商务会议、商务谈判、商业合作等各种场景中准确地使用和理解专业术语和行业用语，以确保沟通的准确性和有效性。

3. 抓住重点和细节

商务日语人才在听力能力方面需要具备的能力是抓住重点和细节。在商务环境中，准确理解对话的主要内容和关键细节至关重要，因为这些信息对于做出正确的决策和有效的沟通至关重要。抓住重点意味着能够快速而准确地识别对话或演讲中的主要观点和核心思想。商务日语人才需要有能力迅速理解并提取出对话或演讲的主要信息，以便在商务交流中快速作出反应或提出问题。与此同时，抓住细节也同样重要。商务交流中经常涉及具体的细节信息，这些细节可能对于商务谈判、合作协议或项目实施至关重要。商务日语人才需要有能力注意并理解对话中的各种细节，如日期、数字、具体要求等，以确保他们对整个情境有一个全面的了解，并能够做出准确的决策。抓住重点和细节是商务日语人才在听力能力方面需要具备的重要能力之一。这种能力可以通过反复练习和经验积累来提高，使商务日语人才能够在商务交流中更加准确和高效地理解对话内容，并做出相应的反应和决策。

4. 应对多种情境

在商务会议、商务电话、商务谈判、商务社交等不同的情境中，商务日语人才需要使用不同的语言风格、用词方式和表达方式。

商务会议。商务日语人才需要有能力在会议中准确理解各方的观点和意见，并能够适时提出自己的看法和建议。

商务电话是商务日常工作中常见的一种形式。商务日语人才需要能够应对电话交流中可能出现的各种情况，包括语速较快、线路不清晰等，以确保有效地理解对方的意思并做出适当的回应。

商务谈判是商务交流中较为复杂和关键的一环。商务日语人才需要有能力理解谈判过程中各方的立场和意图，并能够灵活应对各种谈判策略和技巧。

商务社交。商务日语人才需要有能力在商务社交场合中准确理解对方的话语和意图，并能够适时表达自己的想法和观点。

5. 提问和求证能力

商务日语人才在听力能力方面需要具备的能力之一是提问和求证能力。在商务环境中，正确理解对方的意图和表达非常重要，而提问和求证是确保对信息准确理解的关键方式之一。通过提问，商务日语人才可以澄清对话中的不清楚或不确定的部分，并进一步了解对方的意图。有效的提问可以帮助商务日语人才收集更多信息，从而更好地理解对方的需求、意见或建议。这有助于避免误解或错误理解，提高沟通的准确性。同时，求证能力也同样重要。商务日语人才需要有能力在听到信息后，及时进行求证以确保自己准确理解对方的意思。这包括在对话中使用确认性词语或句式，如"请问您是说……吗？""您的意思是……对吗？"等，以确保自己对对方的表达有清晰的理解。通过提问和求证，商务日语人才可以更好地理解对方的意图和表达，确保信息传递的准确性和有效性。这对于在商务环境中建立良好的合作关系、达成共识以及解决问题至关重要。因此，提问和求证能力是商务日语人才在听力能力方面需要具备的重要技能之一。

（二）口语能力

商务日语学习者在商务场合有效地交流和表达自己的意见，需要具备以下能力。

1. 表达流畅

商务日语人才需要掌握丰富的词汇量，才能准确地表达自己的意见。熟练掌握各种专业术语和行业用语也是非常重要的，因为这些术语和用语在商务交流中经常被使用。口语表达过快或过慢都可能影响对方的理解。商务日语人才需要控制自己的语速和节奏，确保对话顺畅进行；需要发音准确、语调自然，确保对方能够理解自己的表述；需要清晰地组织自己的语言，确保表达具有逻辑。

2. 语言得体

口语表达不仅仅是简单地传递信息，还需要能够与他人建立良好的沟通关系。良好的礼仪是成功建立商业关系的基础，而正确运用礼貌用语则是实现这一目标的重要方式。礼貌用语包括问候、道歉、感谢以及礼貌的请求等。商务日语人才需要学会在各种情况下使用适当的礼貌用语，以表达尊重和关心，同时确保商务交流的顺利进行。举例来说，商务日语人才在开启商务电话或会议时应使用适当的问候语，如"お疲れ様です"（您辛苦了）或"こんにちは"（你好）等。当出现误解或错误时，他们应该懂得使用礼貌的道歉表达，如"申し訳ございません"（非常抱歉）等。感谢也是商务交流中不可或缺的一部分。商务日语人才需要学会在得到帮助或支持时表达感激之情，如"ありがとうございます"（谢谢您）等。

此外，礼貌的请求也是口语表达中的重要内容之一。商务日语人才需要学会以礼貌的方式提出请求，如"お願いいたします"（拜托了）等，以确保与他人的合作和沟通顺利进行。

3. 语言规范

使用恰当的商务用语能够提高沟通效率，展现专业素养，并建立良好的商业关系。商务用语涵盖了各种情境下的表达方式，包括会议、电话交流、邮件沟通、商务招待等。

例如，会议场景："ご出席ありがとうございます。"（感谢您的参加。）"それでは、議題に入りたいと思います。"（那么，我想要开始讨论议题了。）"申し訳ございませんが、今日の会議を中止させていただきたいと思います。"（非常抱歉，但我想要取消今天的会议。）

电话交流："もしもし、〇〇（您的名字）です。"（喂，我是〇〇。）"大変申し訳ありませんが、この件について詳細をお伺いできますでしょうか？"（非常抱歉，但我能请您详细说明这个事情吗？）"了解しました、ありがとうございます。"（明白了，谢谢您。）

邮件沟通："件名：お取引についてのお問い合わせ"（主题：有关交易的询问）"拝啓、〇〇（收信人的名字）殿"（尊敬的〇〇先生 / 女士，）"ご返信お待ちしております。"（期待您的回复。）

商务招待："この度は、当社の会社訪問にお越しいただき、誠にありがとうございます。"（这次感谢您前来参观我们公司。）"お食事はお好みのレストランにご案内いたします。"（我们将带您去您喜欢的餐厅用餐。）"今後のビジネスチャンスについて話し合うことを楽しみにしています。"（期待着今后一起探讨业务机会。）

掌握商务用语不仅能够提高口语表达的专业性和准确性，还有助于建立与商业伙伴和客户之间的信任和良好关系。因此，商务日语人才需要不断学习和实践，以提高自己的商务用语水平，确保在商务交流中能够准确、恰当地表达自己的意见和想法。

4.跨文化交际能力

在商务环境中，经常需要与来自不同文化背景的人进行交流和合作。跨文化交际能力涉及理解、尊重和适应不同文化背景的沟通方式、价值观和习惯，以确保有效的交流和合作。跨文化交际能力包括以下几个方面：文化敏感性，商务日语人才需要对不同文化之间的差异有敏锐的感知和理解。他们需要了解不同文化的价值观、礼仪、信仰和社会习惯，以便在交流中避免冲突并保持尊重。语言和表达方式，在口语表达中考虑到对方的文化背景。他们需要注意避免使用可能被对方认为不礼貌或冒犯的语言和表达方式，并尽量使用被对方熟悉和接受的用语。非语言沟通，除了语言外，非语言沟通在跨文化交流中也起着重要作用。商务日语人才需要注意对方的身体语言、姿态和面部表情等非语言信号，以帮助理解对方的意图和情感。解决文化冲突，商务日语人才需要具备解决问题的能力，包括积极寻求共同理解、尊重对方的文化差异，并寻求妥协或解决方案。建立信任和合作关系，跨文化交际能力还包括建立信任和合作关系的能力。商务日语人才需要通过有效的沟通和尊重他人的文化背景来建立信任，促进合作和共同发展。通过不断学习和实践，商务日语人才可以提高自己的跨文化交际能力，从而更好地与来自不同文化背景的人进行有效的交流和合作，在跨国商务环境中取得成功。

三、满足企业需求的商务日语人才培养方案

（一）听力能力培养对策

1.结合课内外听力素材充实教学内容

结合课内外听力素材充实教学内容是一项针对培养商务日语听力能力的关键对策。在课堂教学中，教师可以通过使用多样化的商务日语听力素

材来激发学生的学习兴趣。这些素材包括商务会议的录音、商务电话沟通的模拟、商业谈判的实景录音等。学生在真实的商务场景中可以更好地理解商务用语的表达方式，培养他们在商务环境中听力理解的能力。此外，教师还可以设计一些听力练习，如听力填空、听力选择题等，帮助学生巩固所学知识，并提供即时反馈，指导他们在学习过程中发现和纠正错误。

在课外学习方面，学生可以利用各种资源来拓展商务日语听力技能。他们可以收听商业新闻、商务讲座、商业广播等各类实际素材，从中获取商务日语的实际运用场景和语言特点。同时，随着互联网和移动应用的发展，学生可以轻松地获得大量的商务日语听力资源，如商业播客、商务日语课程等。这些资源不仅可以帮助学生提高听力水平，还可以增加他们对商务领域的了解和认识。另外，学生还可以参与商务日语听力训练班或小组，与其他学习者分享经验、交流学习心得，相互鼓励和督促，共同提高商务日语听力能力。

2. 灵活运用教学方法实现听力教学形式多样化

在日语教学领域，关于听力的教学方法有很多，比如语法翻译法、听说领先教学法、教师中心教学法、交际教学法等。在学校日语听力课教学中，可以采用多种教学方法，以达到更好的效果。入门阶段以机械性练习为主。听力的内容主要是假名、单词和短句，所做的练习主要是听词、辨音和填空。在听力入门阶段，为了活跃课堂气氛，可以设计制作假名卡片等活动，当老师读到某个假名时，拿着卡片的学生必须举起卡片或站起来。也可以让学生边听边在假名卡堆里找到相应的假名卡，谁找到的假名卡最多，谁就获胜。到了听句子的时候，让学生根据自己读的句子来摆放手中的卡片。换句话说，让他们反复听自己的发音、同学的发音、老师的发音、录音机的发音、各种视频的发音，然后再听音频的发音。这样可以帮助他们提高辨音能力，适应不同的语速和口音。

在教学过程中，教师可以创设相关情境，引导学生自主探究。听力学习注重交流和实践。很多职业学校的学生毕业后会进入外贸、旅游等服务行业。因此，在学生在校期间提高学生的交流能力，构建自主、合作、研究性学习的学习环境，使学生成为真正的学习主体就显得尤为重要。另外，我们的学生在三年级的时候有实习的机会，在实习之前，我们在课上练习进行真实情景的模拟，帮助学生做好实习的准备，做到学以致用。在这一阶段，教师充分利用多媒体和网络，为学生提供真实的工作和生活情境，让学生在与工作和生活相同的情境中轻松学会沟通技巧。

3.设计听力知识与技能并重的活动提升教学效果

在商务日语听力课程的教学中，教师应根据学生的学习兴趣和学习需求选择课题，积极开展小组合作、商务场景实践、讨论等教学活动，满足学生的学习需求。在教学过程中，教师要充分了解生基础能力差、学习积极性不高的特点，选择贴近学生实际情况、学习需求的课题活动，将学生的商务日语专业和日语文化知识与课堂活动相结合。在教学过程中，教师要帮助学生学习丰富的专业知识和听力技巧，培养学生的学习兴趣，加强学生对课堂的主动参与，提高中学商务日语听力课的整体教学水平。教师要深入到学生群体中去，了解他们的学习情况，尊重个体差异，积极开展教育活动，满足不同学习层次学生的需求。商务日语听力课在教学形式和内容上应具有一定的实用性和开放性。传统的教学以统一的教学方法和教学标准，会导致学生学习积极性不高、参与意识不强、学习质量差等结果。因此，在开展教育活动时，教师必须面向班级所有学生，在全班学生参与的基础上，遵循学生的个体差异，以学生的个体差异作为活动方法和目标的依据和基础，以保证每个学生的进步和发展。

研究表明，听者对听力材料或者内容的背景知识，与语言知识同样重要，在某些情况下，听者对内容的理解可能会超出语法结构本身。在语言知识不足的情况下，背景文化可以帮助学生理解所听内容。在课堂上，教师应适时导入日本文化背景知识，拓宽学生的文化视野；在课余时间，学生应自主学习日本文化背景知识，提高听力能力。

4.采用多元评价优化听力教学

多元评价方式首先包括评价目标多元化和内容的多维性，在中职商务日语专业听力课当中，应该从学生的日语基础知识掌握、日语听力技能水平以及综合素质方面总体评价学生[①]。在评价主体方面，应当采取自评、互评以及师评相结合方式，评价主体从教师拓展为教师和学生。教师在学生的出勤、听课、课堂纪律、作业完成情况以及活动参与情况来评价学生。强调学生的自评和互评，尊重学生的主体地位，调动学生在听力课程中的学习积极性。在教学评价方面，以激励性、发展性评价为主。建立学生成长评价档案，包含学生自我评价档案、学生互相评价档案和教师评价档案。采用终结性评价避免以单一的听力考试分数来划分等级，而应该注重学生在听力课堂中的活动表现、参与课堂表现等，特别是学生在教学活动中发现、分析和解决问题的能力、日语听说能力、创新和实践能力。抓住每个学生身上的闪光点，以学生的综合素质来评价学生，激励和维持学生在日语听力课堂教学过程中的积极性和主动性，让学生的综合能力在激励性评价中持续提高。教学评价应当贯穿于整个教学过程中，在对每堂课进行终结性评价的基础上，对每个单元、期中考试、期末考试以及毕业考试等进行终结性评价。在教学过程中也要适当地采用过程性评价。并且以激励性评价为主，调动学生的学习积极性，促进学生的全面发展。

（二）口语能力培养策略

1.基础教学

学习商务日语口语，先要掌握商务日语基础的知识，先从中文开始了解，再运用日文来翻译，比如说了解产品介绍、公司管理、电子商务等。

---

① 刘森，牛子杰.优化英语语音教学多元评价模式的实证研究［J］.外语教学理论与实践，2018（04）：62-68.

我们要是在这些进行了解，就不会仅仅局限在于日常问候语了，这些话题一般都是在商业上面会用到的，我们需要做的就是把这些话题真正的运用到场景当中，这就要求我们掌握这些场景所要用的专业日语词汇，结合老师系统的指导，学习不同商务场景会用到的不同表达句式，稳扎稳打逐步提升商务日语交际能力。

2. 案例教学

案例学习法是时下比较流行也是深受学生喜爱的学习方法。将这种学习方法应用到商务日语口语学习中，对老师的要求比较高。

首先，要选用真实的案例。事实证明，与自编的案例相比，真实案例更能激发学生的参与积极性。

其次，案例难度要适当。难度过大，超过学生现有的商务日语水平，会给学生带来压力。选择难度水平相当的案例，能够调动每一个学生的积极性，老师在讨论结束后做点评。

3. 外教教学

学员可以选择专业的商务日语口语外教网课，强化实战型商务日语。这对于快速提升学员的日语口语是很有帮助的，外教老师能让你感受到日语像在真实当中和外国人说话一样，长时间和外教交流就会更加了解外国人的想法，了解外国人的想法就会比较好交流。

第二节　产业界与教育界的合作模式

一、行业咨询与课程设计

（一）行业咨询与需求调研

行业咨询是指商务日语产业界向教育界提供有关行业趋势、需求和发展方向等方面的专业建议。这种合作模式的目的是帮助教育界了解商务日语行业的实际情况，以便更好地调整课程设置和教学内容，使其更贴近行业需求。在行业咨询过程中，商务日语产业界可以提供关于当前行业发展状况、行业趋势、企业需求等方面的信息，以及对未来人才需求的预测和建议。同时，教育界可以向产业界提供关于教学方法、课程设计、学生需求等方面的反馈，以便产业界更好地了解教育界的实际情况。需求调研是行业咨询的重要组成部分，旨在更深入地了解商务日语产业界对人才的需求和期望。通过需求调研，可以收集和分析商务日语产业界的人才需求信息，包括对人才的技能要求、知识背景、工作经验等方面的需求。这些信息可以帮助教育界更好地了解行业需求，有针对性地设计和调整商务日语课程，培养出符合行业要求的人才。同时，需求调研也可以帮助商务日语产业界更好地了解教育界的培养情况，为合作提供更具体的指导和建议。行业咨询与需求调研是商务日语产业界与教育界合作的重要方式之一。通过这种合作模式，可以促进产业界与教育界之间的沟通与交流，更好地满足商务日语人才的培养需求，推动人才培养与行业发展的良性互动。

（二）课程设计与开发

商务日语产业界与教育界的合作模式主要包括课程设计与开发。这种合作模式旨在根据商务日语产业的实际需求和趋势，共同设计和开发符合市场需求的商务日语课程，以培养更具竞争力的人才。课程设计与开发包括以下几个方面：需求分析、课程设置、教材开发以及课程评估与调整。首先，商务日语产业界与教育界进行需求分析，以确定市场对商务日语人才的实际需求，为课程设计提供基础和方向。然后，基于需求分析的结果，双方共同设计商务日语课程的设置和结构，确保课程内容和学习目标符合市场和学生需求。接着，商务日语产业界与教育界共同开发适合商务日语课程的教材和教学资源，支持教学的实施和展开。最后，课程设计与开发是一个持续不断的过程，双方需要进行课程评估与调整，以不断提升课程的质量，满足市场需求和学生需求的变化。课程设计与开发是商务日语产业界与教育界合作的重要方式之一，通过共同努力设计和开发商务日语课程，可以更好地满足市场对商务日语人才的需求，促进人才培养和产业发展的良性互动。

（三）专业讲师培训

商务日语产业界与教育界的合作主要包括行业咨询、课程设计、专业培训等项目。

行业咨询是指了解专业发展趋势、行业用人标准和实际应用场景。这种合作有助于教育界调整课程内容和教学方法，满足产业界的实际需求。

课程设计是指教育界基于行业咨询结果设计商务日语教学内容，确保培训内容与实际工作密切相关。

专业培训是指产业界和教育界合作开发商务日语培训课程、实施培训计划、组织实践活动，使培训内容紧密联系产业实践，提高学习者的职业素养。

（四）实习与实践项目

商务日语产业界与教育界的合作模式是为了促进商务日语教育与实际需求的契合，提升学生的就业竞争力和职业发展机会。这种合作涵盖了多个方面，其中包括行业咨询、课程设计以及实习与实践项目等。行业咨询是合作的起点。通过与产业界展开沟通和调研，教育界能够了解当前商务日语的实际应用需求、市场趋势和技能要求，从而为后续的合作提供基础。基于行业咨询的结果，教育界可以设计出符合实际需求的商务日语课程。这些课程内容通常包括商务沟通、商务礼仪、跨文化交流等方面，以确保学生能够具备实际工作所需的技能和知识。与此同时，实习与实践项目也是合作的重要环节之一。通过与产业界合作开展实习项目，学生能够在真实的商务环境中应用所学的商务日语技能，提升实践能力和应对实际工作挑战的能力。这种实践性学习不仅有助于学生更好地理解商务日语在实际工作中的应用，还能够帮助他们建立职业素养和人际关系网络。总的来说，商务日语产业界与教育界的合作模式需要双方通力合作、互相配合，以确保学生能够获得全面的商务日语教育，并能够顺利地应对未来的职业挑战。

（五）行业认证与培训课程

商务日语产业界与教育界的合作模式包括行业咨询与课程设计，具体为行业认证与培训课程。在行业咨询方面，产业界可以向教育界提供关于商务日语实际应用的需求和趋势的信息，包括行业标准、专业技能和职业发展方向等。教育界通过这些信息更好地了解行业的实际情况，为后续的合作提供基础。基于行业咨询的结果，教育界可以设计出符合产业界认可的商务日语培训课程。这些课程不仅需要覆盖商务日语的基础知识和技能，还需要紧密结合产业界的实际需求，例如特定行业的专业术语、商务文书写作、商务礼仪等方面。在课程设计的过程中，教育界可以邀请产业界的专业人士参与，提供实际案例、行业经验和专业指导，确保培训课程的质量和实用性。这种紧密的产教融合可以帮助学生更好地理解商务日语在实际工作中的应用，提高他们的职业竞争力。行业咨询与课程设计是商务日语产业界与教育界合作的关键环节，通过制定行业认可的培训课程，双方可以实现深度融合，为学生提供更加符合实际需求的商务日语教育。

二、实习项目与工作机会

(一)实习项目

通过实习项目,学校和企业可以建立实习招聘合作关系,学校推荐合适的学生参与企业的实习项目,企业为这些学生提供实习机会,使学生能够在真实的商务日语环境中应用他们的语言技能,并获得实践经验。此外,学校和企业也可以共同设计实习课程,确保实习项目与学生的学习目标和课程内容相契合,使实习经验更加有针对性和丰富。他们还可以共同制定实习评估标准,并定期对实习生进行评估和反馈,帮助学生了解自己的实习表现,同时也能帮助企业评估实习生的能力和潜力。一些实习项目还可以为学生提供实习结束后的就业机会,企业根据实习生的表现和需求,考虑是否提供正式的工作岗位。这种整合实习与就业的模式,使学生能够顺利地将所学知识应用到实际工作中,并且为企业输送符合其需求的人才。

(二)校企合作

校企合作中,学校与企业共同致力于提供学生实践机会和就业机会,以满足产业界的需求,促进双方的共同发展。实习项目是合作的核心之一。通过与商务日语相关的企业合作,学生可以在真实的商务环境中应用所学的语言技能,并获得实践经验。这种实践性学习有助于学生提升职业素养,增强适应工作环境的能力。校企合作还为学生提供了丰富的工作机会。学校可以借助与企业的合作关系,及时了解企业的人才需求和招聘计划,为学生提供就业信息和职业指导。同时,企业也通过校企合作项目选拔和培养人才,为学生提供更多的就业机会和发展空间。这种双向合作促进了产业界与教育界的紧密互动与融合。通过校企合作,双方共同培养商务日语人才,促进了产业界对人才的需求与教育界对实际应用的对接,实现了共同发展和繁荣。

（三）双向交流

双向交流这种合作模式通过积极的互动，为学生提供了更多实践机会，为企业提供了新的人才来源，从而促进了双方的共同发展。在实习项目方面，学校与商务日语相关企业进行合作，为学生提供在实际工作环境中应用商务日语技能的机会。通过实习，学生能够将在课堂上学到的知识与实际情况相结合，提升自己的实践能力和职业素养。与此同时，企业也能够从实习生中挖掘人才，培养符合自身需求的员工。除了实习项目，合作模式还涉及为学生提供工作机会。学校通过与企业建立紧密的合作关系，能够及时了解企业的招聘需求，并为学生提供相关的就业信息和职业指导。企业也借此机会能够直接接触到优秀的毕业生，并为其提供工作机会，以满足企业发展的需要。另外，合作模式中的双向交流也非常重要。学校与企业之间的双向交流有助于建立起持久的合作关系，促进双方的良性互动与合作。学校可以根据企业的反馈，及时调整课程设置，以更好地满足企业的需求；而企业也可以通过与学校的交流，分享行业最新动态，为学校提供更多的实践资源和就业机会。商务日语产业界与教育界的合作模式通过实习项目与工作机会的提供，并强调双向交流，为学生提供了更好的实践机会，为企业提供了新的人才来源，从而促进了双方的共同发展。

（四）职业指导与就业服务

通过职业指导与就业服务这种合作模式，产业界与教育界能够为学生提供更多就业机会，并提供有针对性的职业指导，以帮助他们顺利就业。在职业指导方面，教育界可以与产业界合作，为学生提供针对商务日语专业的职业指导。这种指导包括就业市场分析、职业规划、简历撰写、面试技巧等内容。通过与产业界的合作，教育界可以及时了解产业界对人才的需求，为学生提供最新的职业信息和就业建议，帮助他们更好地规划自己的职业发展。除了职业指导，就业服务也是产业界与教育界合作的重要组成部分。教育界可以通过与企业合作，为学生提供更多的实习和工作机会。这些实习和工作机会不仅可以让学生在实践中应用所学的商务日语技能，还可以帮助他们建立职业网络，增加职场经验，提升就业竞争力。同时，企业也可以通过与教育界的合作，及时发现和招聘优秀的商务日语人才，满足自身的发展需求。职业指导与就业服务是商务日语产业界与教育界合作的重要组成部分，通过双方的合作，可以为学生提供更多的就业机会，并提供有针对性的职业指导，帮助他们顺利实现就业目标。这种合作模式有助于促进产业界与教育界的深度融合，实现双方的共同发展和繁荣。

三、专业讲座与研讨会

（一）专业讲座

专业讲座是促进知识传递、行业发展和人才培养的重要形式之一。专业讲座的主题多样，涵盖商务沟通技巧、商务文书写作、跨文化交流、商务礼仪、商务谈判等多个方面，既满足了学生学习需求，也为商务从业者提供了实用的经验和指导。这些讲座通常由在商务日语领域具有丰富经验和专业知识的专家或从业者担任讲者，他们分享自己的实践经验、成功案例和行业见解，为听众提供权威性的信息来源和实用性的建议。目标受众包括日语学习者、商务专业学生、日语教育者和商务从业者等不同群体，针对不同的受众群体安排专业讲座。形式上，专业讲座可以灵活多样，既可以是面对面的讲座，也可以是在线直播或录播的形式，以适应听众的时间安排和学习习惯，提高讲座的参与度和覆盖范围。在互动环节，学习者积极参与小组，加深了对所学知识的理解和应用能力。讲座结束后，通常会提供相关资源，如讲义、课件、参考资料等，供参与者进一步学习和参考，以及建立跟进机制，定期组织相关活动或提供在线学习资源，帮助听众巩固所学知识和技能，并且与讲者和其他听众保持交流和互动。通过这些专业讲座，商务日语产业界与教育界共同为学习者和从业者提供了学习、交流和合作的平台，促进了商务日语教育与实践的不断发展和进步。

（二）研讨会

商务日语产业界与教育界合作的研讨会是不仅有助于满足商务人士和日语学习者的需求，还能促进产业与教育之间的紧密联系，推动商务日语教育和实践的不断进步。在研讨会的组织过程中，一些关键要素需要特别重视，以确保活动的有效性和成果。研讨会的主题选择至关重要。主题应该与商务日语领域的最新趋势和需求密切相关，以确保内容具有实用性和吸引力。常见的主题包括商务沟通技巧、跨文化交流、商务谈判、商务礼仪等。在确定主题时，可以通过市场调研、专家意见和参与者反馈等方式进行充分的论证和选择。专家邀请是确保研讨会内容专业性和权威性的关键因素。应该邀请在商务日语领域具有丰富经验和专业知识的专家或从业者担任演讲嘉宾，分享他们的见解、经验和最佳实践。这样可以为参与者提供权威性的信息来源，并且促进与业界领先人士的直接互动和交流。确定目标受众也是研讨会成功举办的关键。目标受众可以是商务专业人士、日语教育者、学生等不同群体。针对不同的受众群体，可以定制不同形式和内容的活动，以满足其特定的学习需求点。例如，对于商务专业人士，可以重点关注实用的商务沟通技巧和跨文化交流策略；对于日语教育者，可以强调教学方法和资源分享；对于学生，则可以提供实践机会和职业规划指导等。活动形式也需要精心设计，以促进参与和互动。除了传统的专题演讲外，还可以组织小组讨论、案例分析、角色扮演等形式，让学习者分享自己的经验和观点，从而加深对所学知识的理解。实践机会是研讨会不可或缺的一部分。通过模拟商务会议、商务谈判等实践活动，参与者可以将所学知识和技能应用到实际情境中，并且从中获得反馈和改进的机会。这有助于提高他们的实际应用能力和解决问题的能力，为日后的工作和学习奠定良好的基础。资源分享也是研讨会的重要内容之一。为参与者提供相关资源，如课件、参考资料、工具书等，可以帮助他们进一步学习和应用所掌握的内容。这些资源应该具有权威性和实用性，能够满足参与者的学习需求，并且可以在日后的工作和学习中持续使用。建立有效的反馈机制是研讨会成功举办的关键。收集参与者的反馈意见，了解他们的满意度和建议，以评估研讨会的效果并不断改进。这可以通过问卷调查、焦点小组讨论等方式进行，确保活动内容和形式能够与参与者的期望和需求保持一致。商务日语产业界与教育界合作举办研讨会是推动商务日语教育与实践发展的重要举措。通过精心设计和组织，研讨会可以为参与者提供学习、交流和合作的平台，促进商务日语教育和实践的不断创新与进步。

（三）职业培训

通过职业培训，双方可以共同设计职业培训课程，由产业界专家与学校共同确定课程内容和教学方法，确保培训内容紧密贴合实际工作需求。其次，产业界专家可以为学校的教师提供专业培训，传授最新的行业知识、技能和教学方法，帮助教师更好地指导学生，提升教学质量。此外，双方还可以开展实践项目，让学生有机会在实际工作中应用所学知识和技能，通过实践提升职业能力。另外，产业界可以为学生提供职业导师，为他们提供实习指导和职业规划建议，帮助他们顺利进入职场并实现职业发展目标。最后，双方可以合作开展就业服务，包括举办招聘会、提供就业信息、安排面试机会等，为学生提供更多就业机会和支持。通过这些具体的合作方式，商务日语产业界和教育界可以实现有效的互动与合作，促进人才培养和行业发展的良性循环。

四、研究合作与项目合作

（一）研究合作

合作研究项目可以共同策划和执行研究项目，深入探讨语言教育的最佳实践、行业趋势以及文化背景下的语言应用。这种合作形式不仅能够促进知识的交流和共享，还能够推动商务日语教育和产业的发展。在这种合作模式下，数据分享与分析扮演着至关重要的角色。通过共享数据资源，包括学习者的语言需求、市场分析和教学效果评估等信息，产业界和教育界可以共同分析数据，为商务日语教育和培训方案的改进提供支持。共同研究项目方面，合作的内容可能包括语言教育最佳实践研究、行业趋势分析以及文化背景下的语言应用研究。通过探讨不同的研究议题，产业界和教育界可以共同寻找解决方案，为学习者提供更全面、实用的商务日语培训。数据分享与分析方面，合作可以涉及学习者的语言需求、市场分析以及教学效果评估等方面的数据。通过共享和分析这些数据资源，产业界和教育界可以更好地了解市场和学生的需求，从而优化商务日语教育和培训方案，提高教学质量和学习效果。总的来说，商务日语产业界与教育界的合作研究项目是一种有益的合作模式，能够促进双方的发展和提升，为学生提供更好的学习体验和就业机会，同时也推动了商务日语教育和产业的进步与创新。

（二）项目合作

项目合作有助于促进商务日语教育与产业的紧密结合，为学生提供更好的学习体验和就业机会，同时也促进了产业的发展和创新。在项目合作方面，合作可以围绕课程开发、培训服务以及实习与就业机会展开。双方可以共同开发适应市场需求的商务日语课程，涵盖沟通技巧、商务文书写作、谈判技巧等内容，确保培训内容与实际工作需求相符。合作可以提供全面的商务日语培训服务，包括线上课程、面授培训和定制课程等形式，结合产业界的实践经验和教育界的教学资源，确保培训内容贴合实际工作场景。产业界可以为学生提供实习和就业机会，让他们在实践中运用所学的商务日语技能，而教育界则可以为学生提供相关的课程和培训，增强其商务日语能力，提升就业竞争力。通过项目合作，商务日语产业界和教育界可以充分利用各自的资源和优势，为学生提供更全面的商务日语培训，培养更具竞争力的人才，同时也促进了商务日语教育和产业的发展。

五、资源共享与合作交流

（一）实践项目

在实践项目中，教育界与产业界共同设计和执行商务日语实践项目，内容涵盖商务会话、跨文化交际、商务写作等方面。学生作为项目的参与者，通过实际项目工作，将所学的商务日语知识和技能应用于实践中。项目中配备产业界专业人士作为导师，指导学生在项目中的表现，并提供反馈和建议。学生完成项目后，进行成果展示和评估，以总结经验、发现不足，并接受专业反馈，进一步提升自身能力。通过实践项目，商务日语产业界和教育界实现了双方资源的共享和合作交流，为培养更符合市场需求的人才提供了有效途径。

（二）行业洞察

通过行业洞察，产业界可以分享商务日语应用的最新趋势、实践经验和行业需求，为教育界提供更新的教学内容和案例。这种合作可以通过各种途径实现。产业界可以组织商务日语研讨会和讲座，邀请行业内的专家和从业者分享最新的发展动态、市场需求和实践经验，教育界可以参与这些活动，获取最新的行业信息和趋势。产业界可以提供商务日语行业的报告和分析，包括市场规模、发展趋势、就业需求等方面的数据，这些信息可以帮助教育界了解行业的现状和未来发展方向，为课程设置和教学内容的更新提供参考。产业界还可以分享实际的商务日语应用案例，例如跨国企业的跨文化沟通实践、日本企业的国际业务拓展经验等，教育界可以与产业界合作开展实践项目，让学生参与真实的商务日语应用场景，从中学习和成长。通过行业洞察的资源共享和合作交流，商务日语产业界和教育界可以相互促进，提升商务日语教育的质量，培养更符合市场需求的人才，推动商务日语产业的健康发展。

（三）导师制度

在导师制度下，产业界可以为教育界提供专业人士作为导师，指导学生在商务日语实践中的学习和成长。这种合作模式可以通过以下方式实现：产业界专业人士作为导师，教育界可以与商务日语产业界合作，邀请产业界的专业人士担任学生的导师。这些导师通常拥有丰富的商务日语实践经验和行业内的资源，能够为学生提供实际的指导和建议。指导学生在商务日语实践中学习和成长，导师制度下，学生可以获得来自产业界导师的指导，在实际项目中应用商务日语知识和技能。导师可以为学生提供实践项目的指导、解决问题的方法、职业发展建议等，帮助他们更好地理解商务环境和提升语言能力。共同合作开展实践项目，教育界与产业界可以共同合作开展商务日语实践项目，学生在项目中与产业界导师合作，共同解决实际问题，提升商务日语应用能力。这种合作模式有助于学生将理论知识与实际工作相结合，培养他们的综合能力和职业素养。通过导师制度的资源共享和合作交流，商务日语产业界和教育界可以相互促进，为学生提供更丰富的学习资源和实践机会，培养更符合市场需求的人才，推动商务日语教育的进步和产业的发展。

第三节　实习与实践经验分享

一、现代学徒制在商务日语实践教学中的应用

（一）现代学徒制的内涵

传统学徒制多在家庭作坊或者店铺中进行，实施范围和对象有限，无法形成培养规模，更无法适应现代社会产业化生产的需求。现代学徒制则是一种学校与企业合作式的职业教育制度，在诸多方面有着显著革新，其核心理念是"招生招工一体化，教学生产一体化，就学就业一体化"，是学校与企业双主体育人的职业教育制度。现代学徒制的具体形式是以"校中厂""厂中校"为育人平台，以课程或项目为纽带，以教师（师傅）深入指导为支撑，教师和学生、师傅和徒弟面对面的一种教育形式，以"一对一、一带多、师带徒"的形式传承技艺和传授知识。[①]校企深度融合的这种形式，可以充分利用企业资源，建立仿真甚至全真的学习与生产环境。这种学习和实践环境，一方面有利于对教师进行"多能工"式的培养，提高教学水平；另一方面，在企业和学校双师的指导下，学生以"实践"促"学习"，以"学习"促"实践"，为高质高效地培养合格的产业工人奠定了基础，可以提高企业乃至全社会的生产力水平。同时，借助该模式，企业可以发现和招聘符合需求的人才，有利于企业的长期发展。可以说，这是"产学研"相结合的重要途径。

[①]　张宇，徐国庆.我国现代学徒制中师徒关系制度化的构建策略[J].现代教育管理，2017（08）：87–92.

（二）现代学徒制在商务日语教学中的应用

1. 在商务日语教学中活用现代学徒制的理论基础

高职商务日语专业的人才培养目标是，为中小型日资企业、对日贸易公司培养具有良好职业素质、具有较强的日语综合运用能力、跨文化商务沟通能力、能适应现代国际商务的发展需求的"精日语、通商务"高素质技术技能人才。因此，该类课程是融日语语言知识与应用实务教学于一体的复合型课程，其教学目标是培养学生不但能够熟练运用语言工具进行交流和思想表达，还熟悉商务流程各环节、岗位的实际业务和操作，从而能够利用语言工具完成整个业务流程。可以说，高职日语教学既是语言知识传授型课程，同时也是通过模拟工作岗位环境来培养工作岗位能力与技能的训练型课程，因此授课时必须以工作任务为导向，根据实际业务活动中的岗位对技能的要求，围绕语言工具、岗位能力、职业拓展三大内容进行。正是由于该课程具有实践性强、对业务技能需求较高等特点，因此才具备了将现代学徒制活用于教学中的可能性。

2. 在商务日语教学实践中活用现代学徒制的方法

（1）采用现代学徒制教学模式，与企业建立深度合作机制

经过多方调研，确立了根据课程内容选择合作企业，邀请企业参与日语实践教学的课程标准、授课计划、教案的编写等深度合作机制。在合作对象方面，首先选择翻译公司、日本料理店和旅行社。

其原因有三个方面：一是翻译公司所涉及的业务比较广泛，通过与其合作，可以广泛了解诸如汽车用语、机械用语以及办公室实用用语等各行业的专业术语，在实际操作中加深理论的学习，同时可以对日本的工匠精神有更加透彻的理解。二是日本料理店主营生鱼片、寿司等日式料理，客人中日本人居多。学生通过实习可以提高语言表达能力及对日本料理和日本饮食文化的了解。三是旅行社提供国内外旅游、商务会展及签证、订房、

机票、租车和导游翻译等综合性服务，与旅行社展开合作，以周边景点与事物为交流内容，借助场景设置、多媒体辅助、现场角色分担和导游实践（包括城市市区现场教学）等多种形式，让学生不但能够言之有物，更能够言之有趣，从而提高其学习效果。同时，与各政府机构及相关企业合作，可以为学生提供更多的实践机会。

（2）精准指导，确保学习与实践效果

首先是责任到"师傅"。为确保"师傅"与"徒弟"之间形成良好的人际关系，从而为"师傅"对学生的精准指导提供有利条件，现代学徒制依然秉承小范围的教学。著者所指导的17级商务日语课程授课人数较多，有48人，因此，我们先将学生分为3组，每个企业有16人，分别纳入学院与翻译公司、日本料理店和旅行社所缔结的现代学徒制教学项目，再将每组16人细分为4个小组，4人一组。学校与企业明确责任到"师傅"，通过学校和企业所委派的"导师"对学生实施"二对一"或"二对多"的直接指导，确保了"师傅"对"徒弟"的知识与技能有全面的了解，并能够对"徒弟"的不足进行有针对性的指导，从而全方位提高学习效率。其次是采取灵活多样的手法，既提高了"师傅"的指导动力，又提高了学生的学习积极性。如著者借鉴企业培训"多能工"的制度和手段，采用了定期"轮岗"的形式，为学生提供了不同岗位的实践机会，达到了让学生自始至终充满新奇感和热情、掌握更多职业技能的目的；根据学生的性格分派"师傅"，确保了"适才适用"；在实践过程中采取了比赛等形式，实现了"以赛促学"等。例如，在与日本料理店的合作项目方面，我们首先请"师傅"在学校进行详细的讲解，包括日本料理与食材的种类、制作方法、料理名、接待客人的礼仪等，等学生掌握了系统的理论知识之后再对其进行实践教学。在日本料理店，由师傅就各个环节对学生进行手把手的指导，从而确保了学生不但对日语有了实战式的应用，还对日本文化、日本工匠精神等有了切身的体会。

（三）现代学徒制在商务日语教学中的实践效果

在日语教学中活用现代学徒制一个学期之后，我们基于各项实践数据进行了问卷调查以及小组座谈会，结果表明，95%以上的学生认为有了敢开口的勇气，能够用日语积极主动地去和日本人进行交流，而且在与日本人的交往过程中，感受到日本的工匠精神和环保意识。大家亲身感受到自己的不足之处，激发和提高了自主学习和跨文化交际的积极性。除了上述语言知识以及人生经验之外，学生还获得了很多实际操作能力。如在日本料理店学习过后，80%以上的学生认为自己已经掌握了日本料理名称的说法和初步制作方法、提高了待人接物的能力；在旅行社实践后，75%的学生认为通过在旅游观光景点的现场授课和实践，不但能够用日语介绍自己身边的事物，真正实现了言之有物，而且对如何将语言作为工具展开工作有了全新的认识；通过在翻译公司的实践，70%的学生认为自己了解了更多的各行业的相关专业术语，对日资企业有了进一步认识。

二、现代学徒制对日语实践教学的启示

实践表明，对于操作能力、实践能力具有较高要求的日语教学，完全具备活用现代学徒制的条件，而且实施效果较显著。但在实施过程中也存在着一些问题，给我们今后的教学提供了启发与思考。

第一，在国家鼓励职业学校与企业合作开展"学徒制"培养的时代背景下，根据新时代对人才提出的更高要求，基于校企合作的高职日语实践教学更具有科学性和实用性。

第二，在传统的校企合作的基础上，可以充分利用企业资源，建立真实的工作生产场景。而且，由于这种实践教学模式紧扣企业文化理念和企业市场需求，可以改善传统学徒制单一、枯燥的缺点，帮助学生找到最佳成长方式，提高其自主学习的能力和竞争力，实践可以促进学习，学习又

可以提高实践的质量。

第三，学校的教师在现场指导学生的同时，通过亲身参与，也能在指导过程中形成对教学有益的思考，提高自身的素质和能力。

第四，基于双方对人才的需求，企业与校内教师共同制订授课标准、授课计划、考核标准，将会极大提高实训的效果，为学生迅速进入企业服务提供了条件，提高了企业的生产能力。企业的早期参与，使学生对异文化和日企企业文化的理解更加透彻，可以弥补传统实践教学的不足。

第五，更多企业的参与给学生提供了更多机会，有助于学生通过不同的实践确定今后的就职方向。在学校和企业双师设置的真实语言与工作环境之中，通过各种形式的现场教学和模拟实战，学生习得了良好的职业素养、工作习惯、工作态度、工匠精神，提高了自己的综合技能，从而为尽早适应社会和企业的要求创造了条件。

第五章　商务日语人才培养的跨学科整合

第一节　语言学、文化学与商务学的融合

语言学、文化学与商务学的融合是一种跨学科的教学方法，旨在深入理解语言、文化与商务之间的相互关系，并在实践中将它们结合起来。这种融合具有以下优势。

一、跨学科视角

语言学、文化学与商务学的融合呈现出跨学科的优势。这种融合不仅提供了全面理解商务活动的视角，而且能够帮助企业更好地应对国际市场的挑战，主要有以下优势。

促进文化沟通。语言学和文化学的结合有助于学习者更好地理解不同文化背景下的语言使用和交流方式，从而避免文化冲突和误解，提高跨文化沟通的效果。

优化商务沟通。语言学知识可以帮助学习者更好地理解语言的语用和语境，结合文化学视角，则能够更好地把握商务交流中的文化因素，提高沟通的准确性。

开拓市场机会。加深学习者对不同文化规范的理解，有助于学习者把握国际市场机会，提升职业竞争力。

提升管理能力。结合商务学的知识，企业管理者能够更好地理解和应对不同文化背景下的管理挑战，从而提升企业的全球化管理能力。

总之，语言学、文化学与商务学的融合体现了跨学科的优势，能够为商务活动提供更全面、深入的分析和解决方案，促进了企业的国际化发展和全球竞争力的提升。

二、促进跨文化沟通

语言学的融入为我们提供了对语言结构、语用规则和语言习得等方面的深入理解。语言不仅是信息传递的工具，更是文化传承的载体。文化学的融入使我们能够更加深入地理解不同文化之间的差异，包括价值观、信仰、习俗等。例如，在商务交流中，了解到不同文化中的礼仪和商务谈判的方式将有助于避免不必要的误解和冲突。融合了商务学的知识使得这一跨学科更加实用和具有针对性。商务学不仅关注于商业实践和管理策略，还研究了国际市场、贸易法规、市场营销等方面的知识。结合语言学和文化学的视角，我们可以更加深入地了解商务活动中的语言和文化因素对商业活动的影响，从而制定更加有效的商务策略。这种跨学科融合还有助于拓展跨国企业的全球视野。随着全球化的推进，跨国企业越来越需要跨文化的管理团队和跨语言的沟通能力。融合了语言学、文化学和商务学的知识，我们可以更好地培养具备跨文化交际能力和商务素养的人才，为企业的国际化发展提供人才保障。另一个优势是促进了国际间的商务合作和交流。语言学、文化学和商务学的跨学科融合为国际商务活动提供了理论基础和实践指导。在跨国商务活动中，了解不同国家和地区的语言和文化特点将有助于建立起更加紧密和高效的商务关系，促进合作与共赢。

这种融合也有助于提升企业的国际竞争力。企业在全球范围内开展业务时，必须面对不同语言和文化背景下的消费者、合作伙伴和竞争对手。

具备了跨文化交际能力和商务素养的人才将成为企业的重要竞争优势，有助于企业在全球市场中立于不败之地。语言学、文化学与商务学的融合为促进跨文化沟通提供了理论基础和实践指导。它不仅帮助我们更好地理解不同文化背景下的语言使用和交流方式，还为企业的国际化发展提供了人才支持和战略指导。因此，跨学科融合的优势在于它能够更好地适应当今多元化和全球化的商务环境，为商务领域的发展和国际合作注入了新的活力。

三、提升商务交流能力

语言学的融入使人们能够深入理解语言的结构、语用规则和语境，从而更好地应用语言进行商务交流。了解语言的语法、语义和语用学原理有助于人们准确地表达意思，避免歧义和误解，提高商务交流的有效性。文化学的融合使人们能够更好地理解不同文化背景下的商务交流方式和礼仪规范。文化因素在商务交流中起着至关重要的作用，了解和尊重对方的文化习惯和价值观是建立良好商务关系的关键。通过文化学的视角，人们可以更好地应对跨文化交流中可能出现的挑战，提升跨文化沟通的能力。商务学的融入为人们提供了商业活动和管理实践方面的知识和技能。商务交流不仅仅是语言和文化的交流，更是商业利益的交换和合作。商务学的知识使人们能够更好地理解商务活动的本质和目的，掌握商务谈判、商务沟通和商业策略等技能，从而提高商务交流的成功率。这种跨学科融合也有助于培养全面发展的商务人才。传统上，商务人才需要具备良好的语言能力和商业技能，但在当今全球化的环境下，跨文化交际能力和跨学科的综合能力也变得越来越重要。通过语言学、文化学和商务学的融合，人们可以培养出具备良好的语言能力、文化意识和商务素养的全面发展的商务人才，更好地适应和应对多元化的商务环境。语言学、文化学与商务学的融合，使人们能够更全面地理解和应对商务交流中的语言、文化和商务因素，从而提高商务交流的效率，促进商务领域的发展和国际合作的深入。

四、创新商务模式

通过语言学的知识，人们能够更好地理解语言在商务交流中的作用和影响。语言不仅是信息传递的工具，更是文化传承的载体。语言学的融入可以帮助人们发现语言背后的文化因素，从而创造出更加贴近目标市场的商务模式。文化学的融合使人们能够更好地理解不同文化背景下的商务实践和消费者需求。了解目标市场的文化特点和习俗有助于企业制定更具针对性的营销策略和商务模式，从而更好地满足消费者的需求，提升企业的竞争力。商务学的知识为创新商务模式提供了实践和管理方面的指导。商务学不仅关注于商业实践和管理策略，还研究了市场营销、供应链管理、创新管理等方面的知识。通过结合语言学和文化学的视角，人们可以更好地应用商务学的知识，创造出符合跨文化需求的创新商务模式。语言学、文化学与商务学的融合还有助于拓展国际市场和发现新的商机。通过对语言和文化的深入研究，企业可以更好地了解国际市场的需求和趋势，发现新的商机和合作伙伴，从而开拓国际市场，实现企业的全球化发展。语言学、文化学与商务学的融合，使企业能够更好地理解目标市场的语言和文化特点，制定更具针对性的商务策略和营销模式，开拓国际市场，实现企业的持续发展和增长。

五、提高商务成功率

通过语言学的视角，人们能够更好地理解商务交流中的语言使用和语言技巧。语言学的知识使人们能够准确地表达意思，避免歧义和误解，从而提高商务交流的准确性和有效性。清晰的沟通是商务成功的关键之一，准确地理解对方的意图并能够清晰地表达自己的想法有助于建立良好的商业关系和合作。文化学的融合使人们能够更好地理解不同文化背景下的商务习惯和价值观。了解目标市场的文化特点和商务礼仪有助于建立信任和共鸣，降低文化冲突的风险，提高商务交流的成功率。在跨文化交流中，尊重对方的文化差异并灵活调整自己的行为和语言风格，有助于建立良好的商业关系，促成合作达成。商务学的融合为人们提供了商业实践和管理方面的知识和技能。商务学不仅关注于商业战略和营销策略，还研究了商务谈判、团队管理、风险管理等方面的知识。结合语言学和文化学的视角，人们可以更好地应用商务学的知识，制定更有效的商务策略，提高商务交流的成功率。通过语言学、文化学和商务学的融合，人们可以培养出具备跨文化交际能力和商务素养的人才。具备这些能力的学习者能够更好地适应和应对多元化的商务环境，提高商务交流的灵活性和适应性，从而提高商务交流的成功率。

第二节　跨学科教学的优势与挑战

一、优势

（一）全面性和综合性

跨学科教学的全面性使得学生能够从多个学科的角度全面地理解问题或主题。通过将不同学科的知识融合在一起，跨学科教学能够提供更加全面的视角，帮助学生建立起更加全面、深入的理解。这有助于学生将学到的知识联系起来，形成更加完整和深刻的认识。跨学科教学的综合性使得学生能够在解决问题或探索主题时综合运用不同学科的知识和技能。在跨学科的学习环境中，学生不仅仅是被动地接受知识，更是被鼓励去探索、思考和创新。他们需要运用所学的各种学科知识和技能，从多个角度分析和解决问题，这有助于培养学生的创造性思维和综合能力。跨学科教学也面临一些挑战。首先，跨学科教学需要教师具备跨学科的知识和技能，能够整合不同学科的内容和教学方法。这对于教师的专业水平和教学能力提出了更高的要求，需要教师不断提升自己的跨学科教学能力。跨学科教学可能面临学科边界模糊的问题。在跨学科教学中，不同学科之间的界限可能会变得模糊，导致教学内容和教学目标不够清晰。因此，教师需要认真设计教学内容和教学活动，确保跨学科教学能够达到预期的教学效果。跨学科教学还可能面临学生适应问题。对于习惯了传统学科分科教学模式的学生来说，跨学科教学可能会让他们感到不适应，需要一定的适应期和时间。因此，教师需要积极引导学生，帮助他们逐渐适应跨学科教学的模式，激发他们的学习兴趣和积极性。跨学科教学的确具有全面性和综合性的优势，能够帮助学生建立全面、深入的理解，并培养其创造性思维和综合能力。然而，跨学科教学也面临一些挑战，需要教师具备跨学科的知识和技能，合理设计教学内容和教学活动，同时也需要学生适应和适应这种教学模式。

（二）实际问题解决能力

跨学科教学能够打破学科间的界限，将不同学科的知识有机地结合在一起。通过将不同学科的知识进行整合和交叉，学生可以更全面地理解问题，并从不同角度思考和解决问题。例如，将语言学、文化学和商务学等学科融合在一起，可以培养学生的语言能力、跨文化意识和商务素养，使其具备更全面的国际化视野和综合素养。跨学科教学注重培养学生的综合能力和跨学科思维能力。学生不仅需要掌握各自学科的知识和技能，还需要具备整合和运用不同学科知识解决实际问题的能力。跨学科教学通过组织项目式学习、案例分析等活动，培养学生的问题解决能力和创新思维，使其能够独立思考、跨学科合作，并提出创新性的解决方案。跨学科教学能够提高学生的学习动机和兴趣。通过跨学科教学，学生可以更加直观地感受到学科之间的联系和应用场景，增强学习的实用性和意义性。这有助于激发学生的学习兴趣和探索欲望，提高其参与学习的积极性和主动性。跨学科教学也面临着一些挑战。首先，跨学科教学需要教师具备跨学科知识和技能，能够整合不同学科的内容，并设计出符合学生学习需求和学科特点的教学活动。其次，跨学科教学需要学校提供相应的资源支持，包括跨学科课程设计、师资队伍建设、教学设施建设等方面的支持。另外，跨学科教学需要学生具备一定的学习自主性和合作意识，能够适应不同学科的学习需求和教学方式。跨学科教学的优势在于其能够培养学生的全面性和综合性，使其具备实际问题解决能力。然而，跨学科教学也需要教师、学校和学生等多方面的支持和配合，才能够取得良好的教学效果。

（三）促进深度思考和批判性思维

跨学科教学鼓励学生从不同学科的角度思考和探索问题。这种综合性的学习方式可以帮助学生从多个角度审视问题，发展综合性思维。例如，将历史、科学和伦理学结合起来探讨环境问题，可以使学生深入了解问题的根源和影响，并培养出综合性思考的能力。跨学科教学激发学生批判性思维和分析能力。通过比较不同学科的观点和方法，学生被鼓励思考问题的多样性和复杂性，并学会质疑和评估信息的可靠性和适用性。例如，将文学、社会学和心理学结合起来分析一个文学作品中的角色动机，可以培养学生分析问题、做出判断的能力。跨学科教学还可以帮助学生建立综合性的知识体系。学生不仅学习各学科的知识，还学会将这些知识联系起来，形成更全面、更深入的理解。

这种综合性的知识体系有助于学生更好地应对复杂的现实问题，并提出创新的解决方案。跨学科教学也面临一些挑战。首先，教师需要具备多学科的知识和技能，才能有效地进行跨学科教学。这对教师的专业能力提出了较高的要求，需要不断提升自身的跨学科综合能力。跨学科教学可能导致知识的碎片化和混淆。如果教学设计不合理或缺乏整合性，学生可能会感到困惑，难以理清不同学科之间的关系和连接。因此，教师需要精心设计课程，确保各学科之间的关联性和连贯性。跨学科教学可能面临学校课程设置和管理的挑战。学校需要统筹各学科的资源和教学安排，确保跨学科教学的有效实施。同时，学校管理层需要制定相应的政策和规定，鼓励教师开展跨学科教学，为其提供支持和资源。跨学科教学的优势在于促进深度思考和批判性思维，帮助学生建立综合性的知识体系。然而，跨学科教学也面临教师能力、课程设计和学校管理等方面的挑战，需要全面考虑和有效应对。

（四）提高学习动机和兴趣

跨学科教学打破了传统学科之间的界限，创造了更加开放和自由的学习环境。学生不再被局限于单一学科的知识范围，而是能够跨越学科领域，探索各种不同的主题和问题。这种多样化和综合性的学习方式能够激发学生的好奇心和求知欲，提高他们对学习的动机和兴趣。跨学科教学能够使学生更加直观地理解知识的实际应用和意义。通过将不同学科的知识联系起来，学生可以更清晰地看到知识之间的关联性和实际应用场景。

这种综合性的学习方式能够激发学生的学习兴趣，使他们更加乐于参与和投入学习过程。跨学科教学也能够培养学生的创新思维和解决问题的能力。学生在跨学科学习中需要跨越不同学科的知识边界，思考和解决复杂的跨学科问题。这种综合性的学习方式能够激发学生的创造力和想象力，培养他们独立思考和解决问题的能力，从而提高他们的学习动机和兴趣。跨学科教学能够提高学习动机和兴趣，因为它能够创造开放、多样化和综合性的学习环境，使学生更加直观地理解知识的实际应用和意义，同时也能够培养学生的创新思维和解决问题的能力。因此，跨学科教学在提高学生学习动机和兴趣方面具有重要的优势。

（五）应对复杂挑战

跨学科教学有助于培养学生解决问题的能力。传统的学科教学只重视传授课本知识，而跨学科教学能够将多个学科的知识和技能整合在一起，帮助学生全面理解和解决复杂挑战。跨学科教学能够激发学生的创新思维和解决问题的能力。复杂挑战往往需要创新性的解决方案，而传统的学科教学往往局限于固定的教学内容和方法。跨学科教学打破了学科之间的界限，鼓励学生跨越不同学科的知识边界，思考和解决复杂的问题，从而培养了他们的创新思维和解决问题的能力。跨学科教学还能够培养学生的团队合作和沟通能力。复杂挑战往往需要多个人共同合作，而传统的学科教学往往过于强调个人竞争和独立思考。跨学科教学通过跨学科项目和团队合作的方式，促进了学生之间的合作和沟通，使他们能够更好地协作解决复杂挑战。跨学科教学还能够帮助学生培养跨文化意识和全球视野。复杂挑战往往涉及不同文化背景和国家地区，而传统的学科教学往往局限于本国或本地区的知识和经验。跨学科教学通过引入不同国家和文化的知识和经验，帮助学生更全面地理解复杂挑战的全球性和跨文化性，从而提高他们的全球视野和跨文化意识。跨学科教学在应对复杂挑战方面具有独特的优势。它能够帮助学生建立更加全面和综合的问题解决能力，激发创新思维和解决问题的能力，培养团队合作和沟通能力，以及提高跨文化意识和全球视野。因此，跨学科教学是应对复杂挑战的有效途径之一。

二、挑战

（一）学科整合的难度

学科整合需要教师具备多学科的知识和技能。教师往往是按照自己的专业领域进行教学，跨学科教学要求教师跨越学科领域，整合多个学科的知识和技能，这对教师的专业能力提出了较高的要求。教师需要不断学习和更新跨学科知识，不断提升自己的教学水平和能力。学科整合需要合理的课程设计和教学安排。跨学科教学往往涉及多个学科的教学内容和教学方法，如何将这些内容和方法合理地整合在一起，设计出符合学生学习需求和学科发展规律的课程，是一个需要教师深入思考和不断实践的问题。学科整合还需要学校和管理层的支持和配合。学校需要提供相关的资源和支持，为教师的跨学科教学提供良好的条件和环境。管理层需要制定相应的政策和规定，鼓励教师开展跨学科教学，为其提供相应的培训和支持。学科整合还需要学生的积极配合和参与。学生可能对跨学科教学感到陌生和不适应，需要教师引导和激发他们的学习兴趣和动机，培养他们的跨学科思维和能力，提高他们的学习效果和成绩。学科整合是跨学科教学面临的一个重要挑战。为了有效应对这一挑战，教师需要具备跨学科的知识和技能，合理设计和安排跨学科课程，学校和管理层需要提供支持和配合，学生需要积极参与和配合。只有各方共同努力，才能有效应对学科整合的挑战，推动跨学科教学的发展和实践。

（二）课程设计和教学资源

跨学科课程的设计需要教师具备多学科的知识和技能。教师需要深入理解不同学科的内容和教学方法，才能够设计出既有针对性又有整合性的跨学科课程。然而，对于大多数教师来说，他们的专业背景和教学经验可能局限于某一学科，因此需要进行跨学科教学培训和专业发展，以提升他们的跨学科教学能力。跨学科教学需要整合多个学科的教学资源。传统的学科教学往往基于特定的教科书和教学资源，而跨学科教学需要整合来自不同学科的多种教材和资源。这就需要教师花费大量的时间和精力来收集、整理和开发教学资源，以满足跨学科课程的教学需求。跨学科教学还需要学校提供充足的教学资源和支持。跨学科教学往往需要更多的教学设备、实验室和图书馆资源，以及更多的师资和教学支持。学校需要投入更多的人力和物力资源，来支持跨学科课程的开设和实施。跨学科教学还需要应对学生的不同学习需求和水平差异。由于跨学科课程涉及多个学科的知识和技能，学生可能会面临学习难度的增加和学科知识的累积压力。因此，教师需要采用灵活的教学方法和评估方式，以满足不同学生的学习需求，帮助他们更好地理解和应用跨学科知识。跨学科教学面临课程设计和教学资源管理的挑战，需要教师和学校共同努力，提升跨学科教学能力，开发和整合跨学科教学资源，以应对不同学生的学习需求，确保跨学科课程的有效实施。

（三）评价标准和方法

跨学科教学涉及多个学科领域的知识和技能，因此需要设计出能够全面评价学生综合能力的评价标准和方法。传统的学科评价标准可能无法覆盖跨学科课程所涉及的各个学科领域，因此需要重新设计和制定跨学科评价标准，以确保评价的全面性和准确性。跨学科教学的评价方法需要具有灵活性和多样性。由于跨学科教学涉及多个学科领域的知识和技能，传统的笔试和口试评价可能无法全面评价学生的综合能力。因此，需要采用多种评价方法，如项目作业、实践任务、小组讨论等，以全面评价学生的学习成果和能力。跨学科教学的评价需要考虑学生的学习过程和学习策略。由于跨学科课程的复杂性和综合性，学生可能需要采用不同的学习策略和方法来应对不同学科领域的学习任务。因此，评价标准和方法需要考虑学生的学习过程和学习策略，以促进学生的深度学习和综合发展。跨学科教学的评价需要与教学目标和课程设计相匹配。评价标准和方法应该与课程目标和学习成果相一致，以确保评价的有效性和公正性。同时，评价结果应该能够为教学改进提供有价值的反馈信息，帮助教师优化教学设计和教学方法，提高跨学科教学的质量。跨学科教学的评价面临着评价标准和方法的制定和应用的挑战。为了应对这些挑战，教师和学校需要重新设计和制定跨学科评价标准和方法，以全面评价学生的综合能力和学习成果，促进学生的深度学习和综合发展。

（四）师资队伍建设

跨学科教学能够突破传统学科界限，促进不同学科之间的融合，培养学生的跨学科思维能力。实施跨学科教学应具备以下条件：教师应具备跨学科知识和技能，能够在不同学科领域之间建立联系；教师应具备创新能力，能够灵活运用各种教学策略激发学生的学习兴趣；教师应具备良好的团队合作和沟通能力，与其他学科教师合作开展教学活动；教师应充分利用、整合教学资源，如网络课程、虚拟实验室、多媒体教材等，提升课堂教学效果；建立评估机制，全面评价学生的学习成果。但现实情况是，许多教师受限于专业背景和教学经验，难以涉足多个学科领域，或者存在沟通不畅、合作困难等问题，这对于跨学科教学的开展构成了一定障碍。

对此，可采取以下措施加强师资队伍建设，提升教师的跨学科教学能力。

加强教师的培训和培养，提供相关的跨学科教学理论和实践课程，帮助教师掌握跨学科教学的基本理念和方法。

建立跨学科教学的团队合作机制，鼓励教师之间开展合作研究和教学实践，共同探索跨学科教学的新模式和新方法。

加强教师的教学评估和反馈机制，建立科学、全面的评估体系，为教师提供及时的反馈和改进建议。

加强对教师的技术培训和支持，提高他们利用教育技术和多媒体资源的能力，促进跨学科教学的信息化和智能化发展。

跨学科教学的发展离不开师资队伍的建设和支持。只有不断提升教师的跨学科教学能力，才能更好地推动跨学科教学的深入发展，培养出更多具有综合素养和跨学科思维能力的优秀人才。因此，有关部门和学校应该加强师资队伍建设，为跨学科教学提供良好的人才支撑和保障。

（五）增加学习负担

虽然跨学科教学有利于培养学生跨学科的知识结构、思维能力及综合素质，有利于打破学科之间的界限，但也增加了学生的学习负担。

传统的学科教学通常侧重于特定学科的知识和技能，学生在学习过程中集中、深入地学习某一学科，而跨学科教学则要求学生同时学习多个学科的知识；跨学科教学多采用项目驱动、问题解决等实践性教学方法，要求学生积极参与课堂讨论、小组合作等活动，需要学生投入更多的时间和精力；跨学科教学还需要学生具备较强的自主学习能力、综合应用能力，能够整合与应用不同学科的知识。与传统的课堂教学相比，这些无疑都增加了学生的学习负担。

对此，可采取以下措施减轻学生负担，提高教学效果：合理安排课程内容，避免内容过于繁杂和冗余；灵活采用课堂讨论、案例分析、实践操作等教学方法激发学生的学习兴趣；加强教学指导，帮助学生建立正确的学习观，提高学生的自主学习能力；与家长沟通，共同促进学生健康成长；等等。

跨学科教学解决了学生知识体系简单、创新能力欠佳等问题，但也增加了学生的学习负担。教育者应采取有效措施减轻学生的负担，为学生的全面发展提供更好的保障。

第三节　商务日语人才培养跨学科整合的实践案例

一、新形势下商务日语专业跨学科建设改革构想

当前，专业建设、教学创新是商务日语专业面临的重要课题。为解决这一课题，须树立起 TOP CARES-CDIO 教育教学理念，其核心是一体化教育，是对传统教育理念和模式的一次突破。[①] 如在课程设置方面，传统的培养思路是，要培养什么能力就增加哪门课程。而 CDIO 强调的是一体化，是把学生要培养的这些能力和要提升的素质贯穿于四年学习的各个方面。大学人才培养的瓶颈往往在与社会脱节，缺乏对学生实践能力的培养。鉴于这种情况，提出以下对策。

（一）跨学科建设思路——宏观视角把握专业发展趋势

目前，综合大学中的日语专业大都坚持日语专业型模式，以日语语言、文学、文化为主；近年来一些高校开始的一种尝试双语型模式，这种培养模式为主修日语加辅修语种（主要是英语），主修日语专业要求达到日语专业八级水平，辅修英语专业则要求达到英语专业四级水平。一般高校商务日语专业不应走相同路线，应走商务日语专业跨学科建设路线。高校从学校层面负责以面为全局的跨学院的学科平台的建设内容，以新的创新思维组织跨学科专业建设，改变旧的组织形式和学科结构，形成学科面状的学科平台，这样有利于学校统一规划和实施。学院各机构之间进行相

---

① 彭志豪，邱建华，熊耀华．基于 TOPCARES-CDIO 的软件工程实践教学改革探讨［J］．教育教学论坛，2012（09）：36-37.

互合作，推动学院特色专业的跨学科建设与发展，形成以特色优势学科带动外语学科的发展、形成螺旋式上升的发展态势。TOP CARES-CDIO 教育教学理念乃大势所趋，商务日语专业与市场营销专业、金融学、经济学、计算机信息与通信专业、电子信息工程专业、交通工程专业、服装设计专业、法律专业等联合培养跨学科复合型人才，与此相对应培养日企管理人才、IT 日语人才、电子商务日语人才、在华日资汽车专业人才、服装设计日语专业人才、在华日企法律顾问人才等复合型、应用型日语高级专门人才，切实办成具有典型特色的商务日语品牌专业。这种培养模式要求学生既要掌握所学专业的基础知识、学科理论和基本技能，又要具有较强的日语实践能力，同时要具备跨学科专业知识以及用日语再现的应用技能，符合新形势下社会用人单位的需求，是商务日语专业发展的必然之路，应从宏观上把握跨学科建设的大趋势。

（二）跨学科课程体系设置——突出能力本位特征

有人说，外语类人才只会语言工具而无专业特长，此话并非毫无道理。要突出商务日语专业毕业生能力本位，跨学科建设思路提供了语言类人才的专业特长问题，课程设置就需要与行业（职业）接轨、与国际教育人才培养接轨。坚持以就业为导向、能力为本位、岗位需要和职业标准为依据，开发满足学生职业生涯发展需求、突出能力培养的课程体系。课程设置在专业必修课和选修课上要有机结合。必修课设置上可以分为日英复语、市场营销、金融学、经济学、计算机信息与通信工程、计算机信息与通信、电子信息工程、交通工程、服装设计、法律等；选修课开设语言文化、国际贸易、高级翻译、旅游等课程，体现外语专业跨学科培养趋势。

（三）跨学科教学模式——整合与创新

近年来由于高校扩招和课时缩减等因素，须要对传统的教学模式加以整合和创新。根据 TOP CARES–CDIO 教育教学理念，跨学科教学模式为此提供了解决方案。在借鉴传统教学模式优势的基础上，商务日语专业跨学科教学模式要求仍以日语语言为核心，打好语言基础。

1. 低年级

开设中文的相应课程，避免一味地强调日语而忽略跨学科专业，因为跨学科课程本身会涉及很多专业知识，教师在学生还没有系统了解的情况下就直接用日语来授课，对学生来说相当吃力，得不到应有的教学效果。

2. 中高年级

逐步把日语和跨学科课程整合起来，开设上述必修课等实用性强的课程。教师要以学生为中心、教师为主导，以此作为教学理念，加强商务日语口语练习机会，多开展仿真情景会话练习，学生在掌握语言知识的同时，亦能提高语言交际能力，从而体现跨学科日语人才的复合型、应用型、开放型人才培养趋势。

（四）跨学科师队伍建设

跨学科师资培养目前是多数高校日语师资队伍建设的瓶颈，对教师本身要求很高。解决办法可以通过以下三种途径：

1. 促进现有教师队伍的跨学科知识学习、提高学历层次

组织原有师资赴日对口交流或在国内接受经济、贸易类学科等再教育的研究生课程学习，提高语言、知识综合运用能力。学校可根据教师自身兴趣，开设相关专业知识讲座，拓宽知识面。

2. 引进日籍具有专业特长的教师

非日语专业毕业的日籍教师优势明显，既懂得专业知识又是原生态全日文教授课程，学生会受益压浅。

3. 引进长期在企事业单位工作的具有丰富经验的日语人才

企事业用人单位要求的是经验丰富、专业性强的人才。如果想让学生所学的知识与用人单位的要求更加贴近，必须让那些既有企事业经历、又有很好的日语语言基础的一线人才来短期讲学或长期授课。他们知道社会需要什么样的人才，用亲身经历来传授，会更加增强学生的实战性，让学生尽快地掌握用人单位要求的专业知识。

二、全在线实现翻转——以"商务日语"案例教学为例

随着全球经济一体化、科技信息技术的发展、中日贸易的深化，社会对复合型应用型日语人才的需求不断增大。据研究，企业所重视的商务日语人才的职业能力素养前三位是"学习思考能力""团队协作能力""沟通交际能力"。就目前而言，大学专业日语教育更偏重于日语语言能力，即听说读写译能力的提高，与培养高素质人才相比，仍有进一步努力的空间。于是，我尝试更新教学理念，改革教学模式，将翻转课堂教学模式和案例教学法应用到商务日语课堂，实施混合式教学。

（一）翻转课堂和案例教学法的介绍

翻转课堂采用"课前在线学习＋课堂见面教学""课前自主学习＋课堂协作探究"的教学模式，在线学习完成知识点的传授，课堂学习达成知识的内化和拓展。既要发挥教师启发、引导、把控教学进程的主导作用，又要充分体现学生作为学习过程主体的主动性、积极性与创造性。① 如图5.1 所示：

---

① 曹娜．基于翻转课堂的职业教育数字化教学资源开发探索［J］．中国科技论文，2023，18（12）：
1400．

信息技术

课前

观看教学视频

交流平台

课前练习

确定问题

创建环境

反馈评价

成果交流

写作学习

写作学习环境

个性化学习环境

独立探索

课中

活动学习

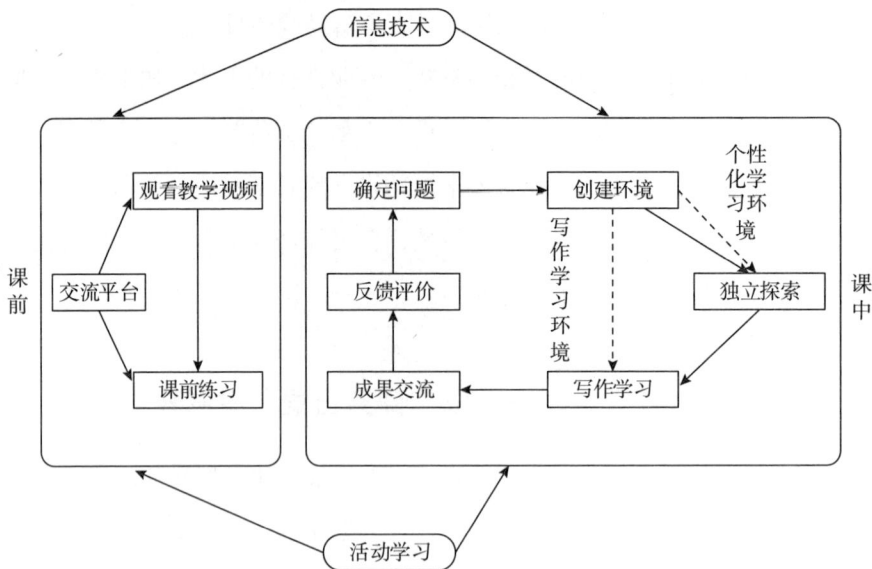

图 5.1　翻转课堂教学模型

案例教学法是指在学生掌握了有关基础知识和基本技能操作理论的基础上，教师根据教学目的和教学内容的要求，运用典型案例，引导学生开展案例分析，最终解决实际问题的教学方法，具有启发性和实践性。实施环节一般包括：

案例准备 ⟶ 分析、讨论 ⟶ 总结、深化 ⟶ 撰写报告、分享

图 5.2　实施流程图

教师可以根据学生特点、教授内容等实际教学情况和目标进行调整，关键是要激发学生的积极性和主动性，引导他们积极思考，踊跃参与讨论。

翻转课堂模式下的案例教学过程中，学生的课堂参与度大大提高，依靠自身的努力和团队的力量对案例进行了多维度的深入剖析，实现了高层次的学习，自主学习能力、团队协作精神和创新能力明显体现。那么，疫情防控期间没有了线下课堂环节，还能达到原来的效果吗？我的预想设计如下，也会根据实际的授课情况进行调整。

（二）全在线翻转下的案例教学方案

商务日语课程为 4 学时，采用 2+2 分解模式。前两个学时为在线学习，学生在观看教学视频的基础上各自完成作业；后两个学时见面课，特殊时期，见面课改为直播互动课等方式，如表 5.1。

表 5.1　教学安排时间表（4 学时、160 分钟）

教学环节	教学内容	教师活动	学生活动	时间（分钟）
在线学习	讲授基本概念和知识点	上传教学微视频、客观题作业到超星泛雅平台，答疑。	观看视频，做题。	30
完成作业	案例分析	布置作业，说明要求。	分析案例，查看相关文献，填写任务表。	50
案例分析	小组讨论	在钉钉上直播授课，用十字线分析法开展小组案例分析。（超星平台的项目式学习功能可实现分组，3~5人为一组，小组建群，推进讨论。）	各小组可通过钉钉群聊或学习通群聊，根据事先完成的任务表展开小组讨论，完成十字线分析的书写，并将分析结果上传到钉钉班级群。	20
发表案例分析结果	小组代表展示	管理时间，提炼要点，对展示进行引导和点评。	小组展示，互相评分，参与讨论。	25
深化学习	教师讲解全班讨论	对小组展示进行点评，就要点和重点进行深化和拓展。	参与讨论，提问和解答。	15
情景模拟练习	设计会话角色扮演	对情景模拟会话进行点评。	根据解决方案，设计会话，角色扮演练习，将会话录音分享到班级群。	15

教学环节	教学内容	教师活动	学生活动	时间（分钟）
评价	组间互评	组织学生进行组间互评。	就展示和会话情况进行组间互评，将评价结果上传到超星泛雅平台。	5
作业	回顾与反思	布置课后作业。	对学习内容展开回顾与反思，填写表格。	当日提交

（三）教学反思

翻转课堂模式下的案例教学在教学实施过程中肯定会遇到一些困难，首先需要老师对教学的全身心投入，并有热情和创新意识。教师只有做足了准备才能引导学生进行研究性学习，提升学生的逻辑思维能力；其次，对教师的综合素质是一个极大的挑战，我们需要注意平时积累，多学习、多反思，提高自身的课堂管理能力，掌握调动学生积极性的方式方法；再者，我们需要有团队意识，"商务日语"课最理想的办法是由双师型（既有商务实战经验，又有扎实的日语功底和课堂教学能力）的教师来担任商务日语课程，但是在自身缺乏商务实战经验的情况下，如果能组成教学团队的方式，不仅可以相互切磋，提高教学质量，也能拓宽知识面，提升教学能力。失去翻转课堂见面课的依托，全在线翻转教学需另外寻求有效途径开展协作探究、互动交流等活动，以达成知识的内化，实现创造性学习。老师们都知道，在外语学习中，操练和互动尤为重要。因此，如何实现在线教学的互动性、外语课堂的交互性是问题关键所在。本课程选择"超星泛雅平台＋钉钉"的授课方案，发挥各平台的优势，保证在线教学的效果。

全在线教学对学生提出了新要求，学生的自主学习和积极参与是教学得以顺利开展的关键。中国学生已经习惯了"老师讲我听"的灌输式教育，要扭转学生的学习观，第一堂导入课要让学生清晰明白课程的具体要求，开课模式和考核办法，同时也可以围绕"为何学、学什么、如何学"为题展开讨论和教育。

无论是传统课堂，还是互联网＋教学，都应该秉承"学生中心、产出导向、持续改进"的原则，重视发挥学生的学习主动性。本课程的全在线翻转案例教学是在现有条件下，将在线翻转与案例教学相结合的一次探索，当然，和所有教学模式一样，还需在实践中不断探索，不断完善。

第六章　教育资源与教材开发

第一节　商务日语教育资源的开发与整合

一、教材与教辅资源

（一）教材编写与定制

商务日语教育资源的开发与整合需要包括定制化培训服务，以满足不同学习者的特定需求。首先，调查学习者的语言水平、学习目标、学习时间和学习地点。其次，设计商务日语培训课程至关重要。这些课程内容应与实际商务场景密切相关，涵盖商务会话、商务信函、商务谈判、商务礼仪等，着重于语言的实用性和实战性。接着，教材的定制化就显得尤为重要。这些教材需要根据定制化培训课程的特点进行定制，以满足学习者的学习需求，包括基础知识的讲解、实际应用的示范和练习题目的提供等。在教学方法上，应采用多样化的策略，结合传统的课堂教学、实践活动、角色扮演、案例分析等，以激发学习者的兴趣和参与度。学习评估也是不可或缺的一环，通过定期评估和反馈，可以更好地了解学习者的学习情况和培训效果，并据此调整和改进培训方案。最后，跟进服务也是必不可少的，它可以在培训结束后提供持续关注和支持，包括学习者的反馈、问题解答、进一步指导等，以确保培训效果的持续和提升。通过这些定制化培训服务的实施，可以更好地满足学习者的特定需求，为他们的职业发展和业务拓展提供有力支持。

（二）多媒体教学资源

多媒体教学资源既能丰富商务日语的教学形式，也能增强学习者的学习动力。

多媒体教学资源可以通过视听效果为学习者呈现丰富的语言环境。商务日语的学习需要学生熟悉各种商务场景中的语言应用情境，通过多媒体资源，学生可以听到真实商务对话，观看商务活动视频，从而更直观地了解语言的使用方式和语境。

多媒体教学资源可以提供生动形象的示范和模仿对象。商务日语的学习需要学生不断模仿和实践，通过多媒体资源，学生可以观看专业人士的商务沟通示范，学习其语调、表情和态度，从而更好地掌握商务日语的表达方式和技巧。

多媒体教学资源还可以增加学习的趣味性和吸引力。商务日语的学习可能会比较枯燥，但通过多媒体资源，可以设计丰富多彩的互动内容、游戏和动画，激发学习者的学习兴趣，提高学习动力。

多媒体教学资源还可以提供个性化学习的机会。通过多媒体平台，学生可以根据自己的学习需求和进度，自主选择学习内容和学习方式，进行个性化学习，提高学习效率。

综上所述，多媒体教学资源在商务日语教育中发挥着重要作用，能够丰富教学内容，增强学生的学习动力。因此，学校应该充分利用多媒体教学资源，为学习者提供更丰富、更高效的学习体验。

（三）定制化培训服务

商务日语教育资源的定制化培训服务是一项需要深入思考和全面规划

的任务。在这个过程中，我们需要考虑到学习者的多样性，包括他们的学习目标、学习风格以及已有的语言水平。通过深入了解学习者的需求，我们可以设计出更加符合其要求的教学内容和教学方法，从而提高教学效果。在定制化培训服务的开始阶段，我们需要进行详细的需求调研和分析。这包括学习者群体的特点和背景、学习者的现有水平，以及学习者的学习偏好等方面。通过对这些信息的分析，我们可以更好地理解学习者的需求，为后续的课程设计提供指导。基于对学习者需求的分析，我们可以设计出符合其要求的商务日语课程。课程设计过程中，需要明确课程的目标、安排课程内容、制定教学大纲，并选择或定制符合教学大纲的教材。教学方法的选择与实施是定制化培训服务中的关键步骤之一。根据学习者的学习偏好和课程设计，我们可以选择合适的教学方法进行教学实施。这可能涉及面授课程、在线学习平台，以及实践训练等多种形式，以满足学习者的不同需求和学习习惯。在教学过程中，需要开发相应的教辅资源，并定期对课程进行评估，以确保教学效果。教辅资源的开发包括听力练习、口语练习、阅读材料和写作练习等方面。定期的评估活动则可以帮助我们了解学习者的学习成果、教学效果，以及教学过程中遇到的问题，从而及时调整教学策略，保证教学质量。最后，定制化培训服务不仅仅是一次性的教学活动，而是一个持续的过程。在学习过程中，我们需要提供持续的支持与跟进服务，帮助学习者解决学习中遇到的问题，并激励他们保持学习动力。通过以上系统规划和实施，我们可以为学习者提供符合其需求的商务日语定制化培训服务，提高其商务日语水平和应用能力，从而更好地适应商务场景中的交流需求。

二、多媒体与在线学习平台

（一）学习社区

学习社区为学生提供了一个交流、分享和互动的平台。通过这样的平台，学生可以与老师和同学分享想法、交流心得、解决问题，从而丰富学习体验。学习社区还可以促进学生之间的合作与互助。在这个平台上，学生可以相互分享学习经验和资源，共同解决学习中遇到的问题。学习社区还可以丰富学生的学习资源，拓展他们的学习视野。在这里，学生可以获取到各种各样的学习资料，包括教学视频、音频资料、练习题库等。这些丰富多样的学习资源可以帮助学生更全面地了解和掌握知识，提高学习的质量。学习社区还可以加强学生与老师之间的沟通与联系。在这个平台上，老师可以及时回答学生提出的问题，给予学生指导和建议。这种及时的反馈和沟通有助于提高学生的学习效果，加强师生之间的互动与联系。学习社区作为多媒体与在线学习平台的重要组成部分，为学生提供了一个开放、合作、丰富的学习环境。通过这样的平台，学生可以与他人交流、分享、合作，拓展学习视野，增强学习动力，提高学习效果。因此，在商务日语教育资源的开发与整合中，充分发挥学习社区的作用，可以为学生提供更加丰富和有效的学习体验。

（二）在线测评与评估

通过在线测评与评估，可以全面了解学习者的学习情况、语言水平和学习成果，为教学提供及时反馈，帮助学习者更好地掌握和应用商务日语知识。在线测评与评估提供了一个全面客观的评估方式，帮助教师了解学习者的学习情况和语言水平。通过在线测评，可以对学习者的听力、口语、阅读、写作等多个方面进行评估，全面了解他们的学习进展和学习成果。同时，通过在线评估，可以减少主观因素的干扰，提高评估的客观性和准确性，为学习者提供更加客观、公正的评价。在线测评与评估可以帮助教师及时发现学习者存在的问题和困难，及时调整教学策略，提高教学效果。通过分析学习者在测评中的表现，教师可以发现学习者的学习差异，了解他们存在的学习困难，进而有针对性地调整教学内容和教学方法，帮助学习者克服困难，提高学习效果。在线测评与评估还可以为学习者提供个性化的学习建议。通过分析学习者在测评中的表现，系统可以根据学习者的学习情况和需求，为他们提供个性化的学习建议，包括针对性地推荐学习资料和练习方法，帮助他们更加有效地学习商务日语，提高学习效率。在线测评与评估还可以为学习者提供一个自我评价和反思的机会，帮助他们全面了解自己的学习情况和学习进展。通过参加在线测评和评估，学习者可以了解自己在商务日语学习中的优势和劣势，找出自己存在的学习问题和不足，进而制定合理的学习计划，有针对性地进行学习，提高学习效果。在线测评与评估作为商务日语教育资源的重要组成部分，发挥着重要的作用。通过在线测评与评估，可以全面了解学习者的学习情况和语言水平，及时发现问题和困难，为学习者提供个性化的学习建议，帮助他们更好地学习商务日语，提高学习效果。因此，在商务日语教育资源的开发与整合中，应充分利用在线测评与评估这一工具，为学习者提供更加全面、灵活、高效的学习支持。

（三）实时在线辅导

实时在线辅导的价值在于提供及时的、个性化的学习支持，为学习者解决学习中的问题，指导学习方向，从而提高学习效率和学习成果。实时在线辅导能够即时解答学习者的疑惑。在学习商务日语的过程中，学习者可能会遇到各种各样的问题，包括语法、词汇、语音等方面的困惑。通过实时在线辅导，学习者可以随时向教师提问，获得即时的解答和解决方案，避免学习过程中的阻碍和疑惑。实时在线辅导提供个性化的指导和建议。

教师可以根据学习者的学习情况和需求，制定个性化的学习计划，为学习者提供针对性的指导和建议。这种个性化的支持能够更好地满足学习者的学习需求，帮助他们更有效地学习商务日语。实时在线辅导还能够提供实时的学习反馈。教师可以在学习过程中对学习者的学习情况进行及时监测和评估，发现学习者存在的问题和困难，并及时给予反馈和指导。这种及时的反馈有助于学习者及时调整学习策略，提高学习效果。实时在线辅导还能够促进学习者之间的互动和交流。通过在线平台，学习者可以与同学和教师进行实时的交流和讨论，分享学习经验和心得，共同解决学习中遇到的问题，增强学习动力和学习效果。实时在线辅导作为商务日语教育资源的重要组成部分，为学习者提供了一个及时、个性化的学习支持平台。通过即时解答疑惑、提供个性化指导和建议、实时学习反馈、促进学习互动和交流等功能，实时在线辅导能够帮助学习者更好地学习商务日语，提高学习效率和学习成果。因此，在商务日语教育资源的开发与整合中，应充分利用实时在线辅导这一工具，为学习者提供更全面、灵活、高效的学习支持。

（四）学习资源库

学习资源库是一个为学习者提供丰富、全面的学习资源的平台，主要包含电子版教材、教学视频、教学音频、习题库、学习笔记、参考书籍和学术论文等。

电子版教材。学习资源库收录了电子版商务日语教材，学习者可以随时随地访问在线平台，翻阅教材，进行复习，提高学习的灵活性。

教学视频。学习资源库收录了商务日语教学视频，包括语法讲解、实景对话、商务场景模拟等。

教学音频。学习资源库收录了商务日语的听力练习、口语练习、实景对话等音频资料。学习者可以反复收听音频资料，提升听力能力，熟悉日语语感。

习题库。学习资源库收录了商务日语的词汇、听力、语法、阅读理解、写作、日本文化常识等多种类型习题。学习者可以根据自己的学习进度和需求进行练习。

学习笔记。学习资源库中的学习笔记包括教师讲义、教学课件、课堂笔记等。学习者可以随时查阅学习笔记，加深对知识点的理解。

参考书籍和学术论文。学习者可以根据自己的学习需求和研究方向，阅读学习资源库中的参考书籍和学术论文，拓宽自己的知识视野。

学习资源库为学习者提供了丰富多样的学习资料，是学习者自主学习的有力保障。

三、情景模拟法

（一）内容开发

情景模拟通过模拟真实的商务场景，使学习者置身于商务环境中，通过互动和实践提高他们的商务日语应用能力。商务场景包括商务会议、商务洽谈、电话沟通、邮件往来等各种日常商务活动。在设计商务场景时，需要考虑到学习者的实际应用情况和学习目标，确保场景的真实性和可操作性。内容开发需要编写适合情景模拟法的对话和情景。对话内容应该与商务场景相匹配，符合商务交流的规范和习惯，涵盖商务用语、礼仪表达、谈判技巧等方面的内容。情景设置应该具有一定的挑战性和真实性，让学习者在模拟交流中能够面对各种实际情况和问题。内容开发需要考虑到多媒体资源的整合和应用。多媒体资源可以丰富语境模拟的内容，提高学习者的学习体验和参与度。例如，可以通过视频资料展示真实商务场景，让学习者更直观地了解商务活动的实际情况；可以通过音频资料提供商务对话的听力练习，帮助学习者提高听力理解能力和口语表达能力；可以通过图文资料展示商务文书的写作范例，帮助学习者掌握商务文书的写作技巧和格式要求。内容开发还需要考虑到互动性和个性化学习支持。情景模拟法可以通过互动式学习平台实现学习者与教师或其他学习者的实时交流和互动，提供个性化的学习支持和指导。学习者可以根据自己的学习进度和兴趣选择不同的学习路径和内容，进行个性化学习，提高学习效果和学习动力。内容开发还需要考虑到评估和反馈机制。情景模拟法可以通过评估学习者的表现和反馈学习者的学习成果，帮助他们及时发现问题和改进学习方法。评估可以通过教师的评价、同学的互评、自我评价等方式进行，为学习者提供全面、及时的反馈和指导，促进他们的学习进步和提高。情景模拟法的内容开发是商务日语教育资源开发与整合中的重要环节。通过设计合适的商务场景和对话内容，整合多媒体资源，提供互动性和个性化学习支持，建立评估和反馈机制，可以为学习者提供一个丰富、实用的学习平台，帮助他们更好地提高商务日语应用能力和沟通技巧。因此，在商务日语教育资源的开发与整合中，需要重视情景模拟法的内容开发工作，为学习者提供更加全面、灵活、高效的学习支持。

（二）语境模拟

商务日语教育资源的开发与整合涵盖了多种元素，其中情景模拟法是一项重要的教学方法。语境模拟旨在通过模拟真实的商务场景，让学习者在仿真环境中进行商务日语交流，从而提高他们的语言应用能力、沟通技巧和实际应对能力。语境模拟的核心在于模拟真实的商务场景。这些场景主要包括商务会议、商务洽谈、电话沟通、邮件往来等各种日常商务活动。通过模拟这些场景，学习者可以在实践中学习商务日语的正确用法、礼仪规范和应对策略，增强他们的实际应用能力。语境模拟的实施过程中，通常会有教师或专业人士扮演角色，指导学习者进行交流。教师可以扮演客户、同事或商务伙伴的角色，与学习者进行模拟交流，并在交流过程中提供反馈和指导。通过教师的指导，学习者可以及时了解自己的表现优缺点，及时改进和提高。语境模拟的设计需要考虑到场景的真实性和教学的有效性。场景的设定应该与学习者的实际需求和水平相匹配，具有一定的挑战性和真实性，但又不至于过于复杂或难以理解。同时，模拟活动的目标和任务也应该明确，使学习者在交流中能够专注于实现特定的目标，达到教学的预期效果。语境模拟的实施可以采用多种形式，包括角色扮演、情境演练、案例分析等。角色扮演是最常见的一种形式，学习者可以扮演不同的角色，与教师或其他学习者进行对话和互动。情境演练则是针对特定的商务情境进行模拟，让学习者在模拟环境中练习实际操作。案例分析则是通过分析真实的商务案例，让学习者了解商务日语的应用情况和解决问题的方法。语境模拟的优势在于能够提供一个近乎真实的学习环境，让学习者在实践中学习、体验和反思。通过模拟真实的商务场景，学习者可以更加直观地了解商务日语的应用场景和语言特点，增强对商务交流的信心和能力。同时，语境模拟也能够激发学习者的学习兴趣，提高学习的积极性。在商务日语教育资源的开发与整合中，语境模拟是一种非常重要的教学方法，具有重要的教育意义和实践价值。通过语境模拟，学习者可以在模拟环境中进行商务日语交流，提高语言应用能力和沟通技巧，为他们未来的商务工作和职业发展奠定良好的基础。因此，在商务日语教育资源的开发与整合中，应充分重视语境模拟的推广与使用，为学习者提供更加丰富、实用的学习体验和教学支持。

（三）多媒体资源整合

多媒体资源整合是指将文字、图片、音频、视频等不同类型的多媒体资源相融合，为学习者提供更加生动、直观、丰富的学习体验。

多媒体资源可以丰富情景模拟法的内容和形式。情景模拟法需要模拟各种商务场景，如商务会议、商务洽谈、电话沟通等，通过多媒体资源的整合，可以将真实的商务场景呈现给学习者。

多媒体资源整合可以提供丰富的语言素材和学习资源。情景模拟法需要包含丰富的商务日语表达和用语，通过整合文字、图片、音频、视频等多种形式的学习资源，可以为学习者提供多样化的学习素材，帮助他们扩大词汇量，提高语言应用能力。

多媒体资源整合可以增强语境模拟的互动性和趣味性。情景模拟法需要学习者积极参与，通过整合多媒体资源，可以提供更加生动、有趣的学习内容，吸引学习者的注意力，增强学习的积极性和主动性。

多媒体资源整合可以提高情景模拟法的灵活性和个性化。通过整合多种形式的学习资源，可以满足不同学习者的学习需求和学习风格，提供个性化的学习支持。学习者可以根据自己的学习习惯和兴趣选择合适的学习资源，自主学习、自主探索，提高学习效率和学习成果。多媒体资源整合可以提供实时反馈和指导。情景模拟法需要教师或专业人士对学习者的表现进行实时监控和评估，通过整合多媒体资源，可以为教师提供更丰富、直观的数据和信息，帮助他们及时发现学习者存在的问题和困难，给予及时的反馈和指导，促进学习者的进步和提高。多媒体资源整合在情景模拟法中具有重要的意义和作用。通过整合文字、图片、音频、视频等多种形式的学习资源，可以丰富语境模拟的内容和形式，提供丰富的语言素材和学习资源，增强学习的互动性和趣味性，提高语境模拟的灵活性，以及提供实时反馈和指导，促进学习者的进步和提高。因此，在商务日语教育资源的开发与整合中，应充分重视多媒体资源整合的作用，为学习者提供更加全面、丰富、有效的学习支持。

四、商务文化与礼仪资源

商务文化资源涵盖日本商务活动的方方面面，包括商务礼仪、商务交际方式、商务信函格式、商务谈判技巧等内容。学习者需要了解这些商务文化的背景知识，才能更好地理解商务日语的应用场景和语言特点，提高自身的商务日语应用能力。

商务礼仪资源包括日常礼仪、宴请礼仪、礼品赠送等方面。

实战案例。通过实战案例，学习者可以了解真实商务活动中的具体情况和解决问题的方法，帮助他们更好地应对各种商务挑战和困难。实战案例通过商务日语教材、商务案例集、商务论坛等形式提供，为学习者提供参考和借鉴。

跨文化交际指导。日本与其他国家的商务文化存在差异，学习者需要了解这些差异，并学会如何在跨文化交际中有效地沟通。商务日语教育资源通过提供跨文化交际指南、跨文化案例分析、跨文化沟通技巧等方式，帮助学习者提高跨文化交际能力，提升他们的商务日语应用能力和国际竞争力。

可见，商务文化与礼仪资源是学习者深入了解日本商务文化、掌握商务礼仪、提高跨文化交际能力的重要保障。

五、行业特定资源

商务日语教育行业特定资源主要指针对特定行业的商务用语、行业术语、典型案例、文书模板、专业知识与技能等。通过整合行业特定资源，可以帮助学习者更好地了解特定行业的商务环境、掌握相关的商务沟通技巧，提升其在特定行业的竞争力和职业发展机会。

商务用语、行业术语。不同行业具有不同的术语和用语，学习者需要了解并掌握这些术语和用语，才能更好地理解行业内的商务活动和沟通内容。例如，在汽车行业中，学习者需要了解汽车零部件的名称、车辆型号的分类、市场营销的相关术语等；在金融行业中，学习者需要了解金融产品的种类、交易流程的相关用语、风险管理的相关术语等。因此，开发与整合行业特定资源，可以帮助学习者更好地适应特定行业的商务环境和沟通需求。

典型案例、文书模板。通过学习行业内的典型案例和商务文书范例，学习者可以了解行业内常见的商务问题和解决方法，掌握商务文书的写作技巧和格式要求。例如，在酒店管理行业，学习者可以学习到酒店客户服务的典型案例、预订和入住流程的商务文书范例等；在国际贸易行业，学习者可以学习到国际贸易合同的范例、进出口报关单据的填写要求等。因此，整合行业特定资源可以为学习者提供实用的学习材料，帮助他们更好地应对行业内的商务挑战和任务。

专业知识与技能。不同行业需要掌握不同的专业知识和技能，以适应行业内的工作需求和发展趋势。例如，在医疗行业，学习者需要了解医学术语、医疗服务流程、医疗器械的使用方法等专业知识和技能；在 IT 行业，学习者需要了解计算机编程语言、网络安全知识、软件开发流程等专业知识和技能。因此，开发与整合行业特定资源，可以帮助学习者更好地掌握行业内的专业知识和技能，提升其在特定行业的竞争力和职业发展前景。

行业特定资源的开发与整合需要紧密结合行业实际需求，注重实用性和针对性。通过整合行业特定资源，可以为学习者提供丰富的学习内容和实践机会，帮助他们更好地应对特定行业的商务挑战，提升其商务日语应用能力和职业发展潜力。因此，在商务日语教育资源的开发与整合过程中，需要充分重视行业特定资源的整合与开发，为学习者提供更加全面、实用的学习支持。

六、考试准备资源

考试准备资源包括模拟试题、备考指导、经验分享、备考评价等方面，确保学习者能够充分准备并成功通过商务日语考试。

模拟试题。模拟试题可以帮助学习者了解考试题型、熟悉考试内容、掌握解题技巧，从而更好地应对考试。这些模拟试题可以涵盖听力、阅读、写作、口语等方面，覆盖考试的各个部分和各个难度层次，以满足学习者不同的学习需求和水平。

备考指导。备考指导主要包括考试大纲解读、备考计划制定、应试技巧培训等内容，帮助学习者理清备考思路、制定合理的备考计划，并掌握应对考试的有效策略和技巧。以教学视频、备考指南、在线辅导等形式提供备考指导，为学习者提供全方位的备考支持。

经验分享。真实考试案例可以让学习者了解考试题型、考试难度和答题技巧，从而更好地应对考试。考试经验分享可以让学习者借鉴他人的成功经验和失败教训，提高备考的效率和成功率。这些真实考试案例和考试经验可以通过考试官方网站、在线论坛、社交媒体等途径分享和传播。

备考评价。帮助了解学习者的备考表现，使学习者及时发现问题、及时调整学习方法。考试评估可以根据学习者的考试成绩和学习情况，对他们的学习效果进行评估和反馈，促进他们的学习进步和提高。

商务日语教育资源的开发与整合需要考虑到学习者参加商务日语相关考试的准备资源。通过了解考试内容、提供模拟试题、提供备考指导、分享考试经验、建立考试反馈和评估机制等方式，可以帮助学习者更好地准备商务日语考试，提高其商务日语应用能力和竞争力。因此，在商务日语教育资源的开发与整合过程中，需要充分重视考试准备资源的整合与开发，为学习者提供更加全面、实用的学习支持。

第二节 制定符合商务实际的教材

一、行业特点和需求

制定符合商务实际的教材需要全面了解行业的特点和需求。不同行业有着不同的商务活动模式和专业术语，因此教材的设计应该针对具体行业展开，确保内容与实际工作场景贴合。

了解行业特点。教材应该充分考虑行业的特点与需求，以丰富的实践案例归纳商务日语知识和专业发展趋势，为学习者提供实用的教学内容。

重视经验分享。邀请行业内的专业人士或企业代表参与教材的编写工作，分享他们的经验和见解。

培养操作能力。设计一些实践性的任务，让学习者通过实际操作来应用所学知识和技能。这样可以帮助学习者更好地理解商务实践中的各种技巧，提高其综合素质。

定期更新和优化。商务环境和需求在不断变化，因此教材也需要根据市场变化和学习者的反馈进行不断更新和优化，保持与时俱进，确保内容的实用性和适用性。

综上所述，制定符合商务实际的教材需要全面了解行业的特点和需求，充分利用行业内的资源和人才，注重实践性和操作性，以及不断更新和优化教材内容。只有这样，教材才能更好地满足学习者的学习需求，帮助他们更好地适应商务环境并提高工作效率。

二、实用性和适用性

制定符合商务实际的教材必须确保其具有实用性和适用性。所谓实用性，意味着教材内容需贴近商务实践，具备实际应用的价值。

教材应涵盖商务日常活动中的典型场景和任务，例如商务会议、商务谈判、邮件往来等，以帮助学习者直接掌握相关技能和知识。

教材应关注当前商务环境的热点和趋势，及时更新内容，以确保学习者了解最新的商务实践和发展动态。

适用性指的是教材需要能够满足不同学习者的学习需求和学习背景。商务学习者的背景各异，可能来自不同行业、具备不同的工作经验和学习水平。因此，教材设计应灵活多样，能够满足不同学习者的需求。通过设置不同难度的课程内容、提供个性化的学习方案等方式，让学习者根据自身情况选择合适的学习路径，实现个性化学习。

为确保教材具有实用性和适用性，可以采取以下策略。

一是通过案例分析的方式介绍商务实践中的真实情况和解决方案，帮助学习者将理论知识与实际操作相结合。

二是设置一些实践项目，让学习者在模拟的商务环境中进行实际操作，提高其实践能力和执行能力。

三是引入专业导师，帮助学习者了解行业内的最新动态，为其提供与实际工作相关的指导和建议。

四是实施个性化教学，让学习者根据自身情况选择合适的学习内容和学习方式，满足学习者的实际学习需求。

制定符合商务实际的教材不仅可以为学习者提供有效的学习支持，还可以促进商务领域的人才培养和人才交流，推动商务实践的不断发展。

三、丰富多样的资源

制定符合商务实际的教材需要运用丰富多样的资源，例如文本、音频、视频、案例、练习题等，帮助学习者全面了解商务实践，提高学习者的综合能力。

文本资源可以帮助学习者建立对商务日语的基本理解。学习者系统地学习商务日语知识，了解商务活动的各个方面，从而为实际应用打下坚实基础。

音频资源可以帮助学习者提高听力理解能力。商务活动中经常需要进行电话沟通、会议演讲等，良好的听力能力对于理解对话内容和获取信息至关重要。因此，通过提供商务场景下的录音材料，学习者可以更好地锻炼自己的听力技能，提高商务交流的效率和准确性。

视频资源可以为学习者呈现更直观、生动的商务场景，帮助他们更好地理解和模仿商务活动中的行为和语言。通过观看商务会议、商务谈判、商务演讲等视频，学习者可以直观地感受到商务交流的氛围和场景，了解商务活动中的常见情境和应对策略，从而更好地准备自己的商务实践。

案例是重要的教学资源。学习者可以从丰富的案例中汲取宝贵经验，培养解决问题的能力，为将来的商务实践做好充分准备。

练习题可以帮助学习者巩固所学知识，检验自己的学习效果。学习者可以对所学内容进行系统复习，加深对商务知识的理解，提高应用能力和解决问题的能力。制定符合商务实际的教材需要提供丰富多样的资源，包括文本、音频、视频、案例分析、练习题等形式，通过多样化的资源呈现，可以满足学习者在学习过程中的不同需求和学习风格，帮助他们更全面地了解商务实践，并提高其学习效果和应用能力。这些资源的充分利用将为学习者提供更好的学习体验，帮助他们在商务领域取得更大的成功。

四、互动性和实践性

制定符合商务实际的教材需要注重互动性和实践性，以帮助学习者更好地理解商务知识、培养商务技能，并能够在实际工作中灵活应用所学内容。互动性和实践性是教学过程中非常重要的两个方面，通过多种方式来实现。

互动性是指教材与学习者之间建立起一种双向交流的机制，让学习者参与教学过程。这种互动通过课堂讨论、小组活动、在线互动等形式来实现。通过与教师和其他学习者的互动，学习者可以分享自己的想法和经验，与他人交流学习心得，从而加深对商务知识的理解和记忆。实践性是指教材内容需要具有实践操作的特点，让学习者通过实际操作来巩固所学知识和技能。实践性教学通过角色扮演、情境模拟、案例分析、实践项目等方式来实现。通过这些实践性活动，学习者可以在模拟的商务环境中进行实际操作和应用，提高其商务技能和解决问题的能力。在商务谈判的教学中，可以设计一些角色扮演的活动，让学习者扮演不同的角色，模拟商务谈判场景，深化对商务谈判的流程和技巧的理解，为将来的实际工作做好准备。在商务写作的教学中，可以设计一些实践项目，要求学习者撰写商务报告、商务邮件等实际文档。通过实际的写作练习，学习者可以提高自己的写作能力和表达能力，学会如何用清晰、简洁的语言表达自己的意见，从而更好地与同事和客户进行沟通和交流。还可以引入一些实际商务案例，让学习者通过案例分析来理解商务实践中的问题，掌握解决问题的方法和技巧。通过分析真实案例，学习者可以了解到商务实践中的具体情况和解决方案，从而为将来的实际工作做好充分准备。制定符合商务实际的教材需要注重互动性和实践性，以帮助学习者更好地理解商务知识、培养商务技能，并能够在实际工作中灵活应用所学内容。通过互动性和实践性教学，可以提高学习者的学习效果和应用能力，为他们在商务领域取得更大的成功奠定坚实基础。

五、反馈和评估机制

制定符合商务实际的教材不仅需要注重内容的丰富性和贴近实践，还需要建立有效的反馈和评估机制，以确保学习者能够及时了解自己的学习进度和问题，及时调整学习策略，提高学习效果和应用能力。反馈机制是指教材设计中应该设置相应的反馈渠道，让学习者能够及时获得教师和同伴的反馈意见。这种反馈可以通过课堂讨论、作业批改、在线答疑等形式来实现。通过及时的反馈，学习者可以了解到自己的学习情况和问题所在，及时调整学习策略，提高学习效果。评估机制是指教材设计中应该设置相应的评估方式，对学习者的学习效果进行全面评估。这种评估主要包括课堂测验、作业任务、项目报告、期末考试等形式。通过评估机制，可以全面了解学习者的学习水平和能力，及时发现问题和不足，并提供针对性的帮助和指导。反馈和评估机制在商务教育中尤为重要，因为商务领域的学习往往需要较高的实践能力和应用能力。通过及时的反馈和评估，可以帮助学习者了解自己的学习情况和问题所在，及时调整学习策略，提高学习效果和应用能力。在商务交流的教学中，可以通过课堂演练和实践项目来进行实际操作，让学习者在模拟的商务场景中进行角色扮演和沟通交流，然后及时进行反馈和评估，指导学习者改进表达方式和沟通技巧，提高商务交流的效率和准确性。在商务写作的教学中，可以通过作业任务和项目报告来进行实际写作练习，然后进行作业批改和评估，帮助学习者提高写作水平和表达能力，为将来的实际工作做好准备。在商务案例分析的教学中，可以通过案例分析和讨论来进行实际问题解决，然后进行课堂讨论和答疑解惑，帮助学习者理清思路，掌握解决问题的方法和技巧。制定符合商务实际的教材需要建立有效的反馈和评估机制，以确保学习者能够及时了解自己的学习进度和问题，及时调整学习策略，提高学习效果和应用能力。通过反馈和评估机制，可以为学习者提供更好的学习支持，帮助他们在商务领域取得更大的成功。

六、跨文化交际

制定符合商务实际的教材需要包括跨文化交际内容，因为在现代商务环境中，跨文化交际已经成为一个不可忽视的重要方面。随着全球化进程的加速，各国之间的商务往来日益频繁，不同文化背景下的商务交流也变得越来越常见。因此，商务教育必须重视跨文化交际，帮助学习者理解和应对不同文化之间的差异，提高跨文化交际的能力。跨文化交际的内容应该包括以下几个方面：

首先，理解文化差异。不同国家和地区有着不同的文化传统、价值观念、社会习惯等，这些文化差异会影响到商务交流的方式。因此，教材应该帮助学习者了解不同文化背景下的商务交流特点，引导他们尊重和理解对方的文化，避免因文化差异而产生的误解和冲突。

其次，学习跨文化沟通技巧。在跨文化交际中，语言表达、非语言行为、沟通风格等都会受到文化因素的影响。教材应该介绍跨文化沟通的基本原则和技巧，例如倾听理解、尊重差异、适应对方等，帮助学习者掌握在跨文化环境中进行有效沟通的方法和技巧。

再次，应对文化冲突和挑战。跨文化交际中常常会出现文化冲突和挑战，例如语言障碍、价值观差异、行为习惯不同等。教材应该通过案例分析和实践活动，让学习者了解和应对不同文化背景下可能出现的问题，培养他们解决问题的能力和应变能力。

最后，培养跨文化敏感性和适应能力。在跨文化交际中，敏感度和适应能力非常重要，学习者需要能够敏锐地捕捉文化差异，灵活地调整自己的行为和表达方式。教材应该通过丰富多样的实践活动和角色扮演，让学习者亲身体验跨文化交际的挑战和乐趣，培养他们的跨文化敏感性和适应能力。

跨文化交际教材可以帮助学习者全面了解和掌握跨文化交际的技巧，提高其在跨文化环境中的交际能力。这不仅有助于学习者更好地融入全球商务环境，还能够促进国际商务合作和交流，推动商务领域的不断发展和进步。因此，跨文化交际应成为商务教育中不可或缺的一部分，教材内容必须全面覆盖，以满足学习者在全球化时代的学习需求和挑战。

第三节　在线学习平台与商务日语课程的创新

一、个性化学习路径

个性化学习路径是指根据学生的学习风格、水平和目标，为其定制独特的学习路线图和课程计划。个性化学习路径的实现离不开先进的技术支持。在线学习平台可以利用智能算法和机器学习技术对学生的学习数据进行分析和挖掘，从而更好地了解他们的学习习惯、偏好和能力水平。基于这些数据，平台为每个学生量身定制个性化的学习路径，使其能够按照自己的节奏学习商务日语。个性化学习路径的设计考虑了多方面因素。

学生的实际水平。对于初学者，可以提供基础的日语语法、词汇和常用表达；对于已有一定日语基础的学生，可以提供更深入、更专业的商务日语学习内容。

学生的学习目标。不同的学生可能有不同的学习目标，比如想要在日本工作、进行商务洽谈、参加日语考试等。平台会根据学生的目标调整课程内容和教学重点，使其学习过程更加针对性和有效。

学生的学习风格。有些学生喜欢通过听力和口语练习来提高日语水平，而有些学生则更喜欢通过阅读和写作来巩固知识。平台可以根据学生的偏好推荐相应的学习资源和活动，使其学习过程更加愉快和高效。

模块化的课程设计。学生可以根据自己的时间安排和学习进度自由选择课程，不受时间和地点的限制。课程内容分为多个模块，学生根据自己的兴趣选择感学习内容。

个性化学习路径为在线学习平台与商务日语课程的创新提供了重要支持。个性化的学习路径更好地满足了学生的学习需求，提高教学效果和学习体验，促进在线学习平台在商务日语教育领域的发展和应用。

二、实时互动

通过实时互动，学生可以与老师和其他学生进行实时交流和互动，从而更好地学习商务日语，并提高其交流能力和实践技能。实时互动的实现离不开先进的技术支持。在线学习平台可以利用视频会议工具和实时聊天系统，为学生提供多种交流方式，如视频通话、语音通话、文字聊天等，以满足不同学生的学习需求和偏好。通过这些工具，学生可以随时随地与老师和同学进行实时互动，进行对话练习、角色扮演、问答互动等，提高其商务日语的口语表达能力和听力理解能力。实时互动的设计考虑了多方面因素。

平台会提供丰富多样的实时互动活动和资源，如商务会话模拟、实时翻译练习、商务文书写作指导等，以满足不同学生的学习需求。通过这些实时互动活动，学生可以在真实的商务场景中进行练习和实践，提高其商务日语的应用能力和实践技能。

实时互动可以促进学生之间的合作学习和交流。学生可以在实时互动中相互讨论、分享经验和互相支持，共同解决问题和克服困难，从而加深对商务日语知识的理解。通过合作学习，学生不仅可以提高学习效率，还可以培养团队合作和沟通能力，为将来的职业发展奠定良好的基础。

实时互动还可以为学生提供即时反馈和指导。在实时互动中，老师可以及时纠正学生的错误。

可见，实时互动为在线学习平台与商务日语课程的创新提供了重要支持。学生可以与老师和同学进行实时交流和互动，提高其商务日语的交流能力和实践技能，促进合作学习和交流，加深对商务日语知识的理解，提高教学效果和学习体验，推动在线学习平台在商务日语教育领域的发展和应用。

三、多媒体教学资源

通过多媒体教学资源，学生可以以文字、音频、视频等多种形式获取丰富多样的学习内容，从而更加生动直观地学习商务日语，提高学习效果和学习体验。多媒体教学资源包括文字教材和电子书籍。这些教材和书籍覆盖了商务日语的各个方面，如日语语法、商务词汇、商务会话等，为学生提供了系统全面的学习内容。与传统纸质教材相比，电子教材具有更新快、便携性强的特点，学生可以随时随地进行学习，提高学习的灵活性和便利性。多媒体教学资源还包括音频和视频教学资料。学生可以通过听力练习和模仿口语，提高其商务日语的听力理解能力和口语表达能力。同时，视频资料可以展示商务场景中的实际情境，帮助学生更好地理解和应用商务日语知识，增强学习的真实感和体验感。多媒体教学资源还包括在线课程和教学视频。学生可以通过参加在线课程和观看教学视频，学习商务日语的基础知识和实践技能，提高其商务日语的应用能力和实际运用能力。与传统面对面教学相比，在线课程和教学视频具有时间灵活、地点自由的优势，学生可以根据自己的时间安排和学习进度进行学习，提高学习的自主性和便利性。多媒体教学资源还可以通过交互式学习工具和游戏化学习平台增强学习的趣味性和互动性。学生可以通过参与各种交互式学习活动和游戏化学习任务，巩固和强化商务日语知识，提高学习的积极性和主动性。与传统的单向传授相比，交互式学习工具和游戏化学习平台可以更好地激发学生的学习兴趣和学习动力，提高学习效果和学习体验。多媒体教学资源为在线学习平台与商务日语课程的创新提供了重要支持。通过多媒体教学资源，学生可以以文字、音频、视频等多种形式获取丰富多样的学习内容，提高学习的灵活性和便利性，增强学习的真实感和体验感，激发学生的学习兴趣和学习动力，推动在线学习平台在商务日语教育领域的发展和应用。

四、案例分析和实践项目

案例分析和实践项目是将商务日语知识应用到实际场景中的有效方法。案例分析是一种将理论知识与实际情境相结合的学习方法。通过分析真实的商务案例，学生可以了解商务日语在不同情境下的应用方式和技巧，从而更好地理解商务日语知识。案例分析可以涵盖多种商务场景，如商务会议、商务谈判、商务邮件等，为学生提供丰富多样的学习内容和实践机会。实践项目是一种将理论知识转化为实际行动的学习方式。通过参与实践项目，学生可以将所学的商务日语知识应用到实际工作中，提高其实践能力和应用能力。实践项目主要包括商务日语口语演练、商务邮件写作、商务报告制作等，为学生提供了锻炼实践技能的机会，增强其在商务场景中的交流和表达能力。案例分析和实践项目的设计应关注以下因素。

符合学生的学习水平。对于初学者，可以设计简单的案例和项目，重点培养其基础知识和基本技能；对于已有一定日语基础的学生，可以设计更复杂和实际的案例和项目，帮助他们提高实践能力和应用能力。

满足学生的学习兴趣。可以根据学生的兴趣和职业方向设计相关的案例和项目，使其更加愿意参与和投入。

具有实践性和可操作性。项目应该具有一定的实践性和可操作性，能够真实地反映商务日语在实际工作中的应用情况，为学生提供具体的实践经验和技巧。

项目的设计也需要注重学生的参与度和反馈机制，及时给予学生反馈和指导，帮助他们不断改进和提高。

通过参与案例分析和实践项目，学生可以将所学的商务日语知识应用到实际场景中，提高其实践能力和应用能力，加深对商务日语知识的理解，提高学习效果和学习体验，推动在线学习平台在商务日语教育领域的发展和应用。

五、即时反馈和评估

即时反馈系统可以为学生提供即时的学习反馈。在学习过程中，学生可以通过各种形式的练习和测试来巩固和检验所学的商务日语知识。即时反馈系统可以根据学生的答题情况和表现，及时给予他们反馈和评价，帮助他们了解自己的学习水平和掌握程度，发现和纠正错误。

即时评估系统可以对学生的学习表现进行即时评估。通过定期进行学习测验和作业提交，系统可以对学生的学习进度和成绩进行评估，及时发现学生的学习问题和困难，为他们提供个性化的指导，帮助他们及时调整学习策略和方法，提高学习效果和学习成绩。

即时反馈和评估系统还可以为学生提供个性化的学习建议，根据学生的学习需求，为他们量身定制学习计划，提高学习的针对性和有效性。除了为学生提供即时反馈和评估外，即时反馈和评估系统还可以为教师提供教学指导。系统可以根据学生的学习表现和反馈情况，帮助教师及时调整教学策略和方法，提高教学效果和教学质量。同时，系统还可以为教师提供学生学习情况的实时监控和分析，帮助他们了解学生的学习需求和问题，及时采取相应的措施，提高教学的个性化和针对性。即时反馈和评估系统为在线学习平台与商务日语课程的创新提供了重要支持。通过即时反馈和评估系统，学生可以及时了解自己的学习进度和表现，发现和纠正问题，提高学习效果和学习体验。同时，系统还可以为教师提供教学指导，提高教学效果和教学质量，推动在线学习平台在商务日语教育领域的发展和应用。

六、社群学习和合作

社群学习和合作是指学生在一个共同的学习社区中相互交流、分享经验和合作学习的过程。通过社群学习和合作，学生可以相互支持、共同学习，提高学习效果和学习体验。社群学习和合作可以促进学生之间的交流和互动。学生可以通过在线论坛、社交媒体等平台与其他学生进行交流和互动，分享学习心得、解决学习问题，从而扩大学习的视野，丰富学习的内容，提高学习的积极性和主动性。与传统的孤立学习相比，社群学习和合作可以让学生感到更加有归属感和参与感，增强学习的愉悦感和成就感。社群学习和合作可以促进学生之间的合作学习。学生可以通过合作学习项目、小组讨论等方式，共同解决问题、完成任务，提高学习效率和学习成果。合作学习可以促进学生之间的互助互补，发挥每个学生的优势，弥补每个学生的不足，提高学习的全面性和综合性。同时，合作学习还可以培养学生的团队合作和沟通能力，为他们将来的职业发展奠定良好的基础。社群学习和合作可以促进学生与教师之间的互动和合作。教师可以通过在线平台发布学习资源、组织学习活动，引导学生进行讨论、分享经验，从而更好地满足学生的学习需求，促进学生的学习和成长。与传统的教师中心教学相比，社群学习和合作可以使教学更加灵活、多样化，更好地适应学生的学习方式和学习节奏，提高教学的针对性和有效性。除了促进学生之间的交流和合作外，社群学习和合作还可以为学生提供更广阔的学习资源和学习机会。学生可以通过社群学习平台获取来自不同地区、不同背景的学生的学习经验和学习资源，了解不同文化背景下的商务日语应用情况，拓展学习的视野，提高学习的全面性和广泛性。社群学习和合作为在线学习平台与商务日语课程的创新提供了重要支持。通过社群学习和合作，学生可以相互交流、分享经验和合作学习，提高学习效果和学习体验。同时，社群学习和合作还可以促进学生与教师之间的互动和合作，为学生提供更广阔的学习资源和学习机会，推动在线学习平台在商务日语教育领域的发展和应用。

七、持续更新和优化

持续更新和优化意味着不断跟踪行业发展和学生反馈，及时更新课程内容和教学方法，以确保课程始终保持前沿性、吸引力和有效性。这种创新方法对于在线学习平台和商务日语课程的发展至关重要，可以提高教学质量、满足学生需求、促进学习效果。持续更新课程内容是创新的重要方面之一。商务日语作为一个不断发展的领域，词汇、用法和商务场景可能会随着时间而变化。因此，持续更新课程内容可以确保学生学习到最新、最实用的商务日语知识。更新的内容主要包括新兴的商务领域、行业趋势、最新的商务用语等，以帮助学生在职场中保持竞争力。持续优化教学方法也是创新的重要组成部分。随着教育技术和教学理念的不断发展，教学方法也在不断更新和改进。在线学习平台可以利用最新的教育技术，如虚拟现实、增强现实、人工智能等，设计更生动、互动和个性化的学习体验。此外，还可以结合最新的教学理念和方法，如分层教学、项目化学习、探究式学习等，提供更有效、更富有成效的商务日语教学。持续更新和优化还包括与学生反馈的紧密关联。学生的反馈是改进课程和教学的重要依据。在线学习平台可以通过定期调查、问卷调查、学生评价等方式收集学生的反馈意见，了解他们的学习体验和需求，根据反馈意见及时调整课程内容、教学方法和学习资源，以满足学生的学习需求和提高学习效果。持续更新和优化还需要注重跨学科和跨行业的合作与交流。商务日语的教学需要与商业实践和行业需求相结合，因此，在线学习平台可以与商业企业、行业机构、商务专家等合作，共同开发课程内容、设计教学资源、提供实践项目等，以确保课程内容的实用性和有效性。同时，还可以与其他学科领域进行跨学科合作，如经济学、管理学、国际贸易等，为学生提供更全面、更综合的商务日语教育。持续更新和优化是在线学习平台与商务日语课程创新的重要方面。通过持续更新课程内容、优化教学方法、与学生反馈紧密关联、跨学科合作等方式，可以不断提高教学质量、满足学生需求、促进学习效果，推动在线学习平台在商务日语教育领域的发展和应用。

第七章　教育评估与质量保障

第一节　基于课程群视角的商务日语
实践教学体系的构建

作为高校日语专业向应用型转型发展和专业特色建设的一个重要机遇和突破口，商务日语教学和研究受到了地方普通本科高校、新建本科院校和高职院校等不同层次高校日语专业的普遍关注，得到了迅速而长足的发展。商务日语实践教学体系构建的研究也成了一个新的研究热点，许多高校也在教学中对其加以应用，但在应用的过程中也出现了一些问题。

一、商务日语实践教学体系构建及相关研究的问题点分析

（一）商务日语不断延伸的人才培养目标和实际教学差距明显

商务日语专业人才培养目标的"知识＋能力＋素养"的主线与《高等学校日语专业本科教学质量国家标准》中规定的高校日语专业人才培养目标是一致的。各高校一般会根据商务日语在本校的存在形态，结合本土市场的需求进行分析，本着寻求特色的宗旨，对商务日语人才培养目标进行定位。由于各高校所处本地市场不同、商务日语在各高校的存在形态也不同，因此各高校所确定的商务日语人才培养的具体目标是存在很大差异的。

商务日语人才培养目标从"商贸型"到"应用型""复合应用型""复合应用创新型高等人才"等整体上不断延伸。商务日语人才培养目标的研究和制定多在人才市场需求调查的基础上进行。此种研究方式高度关注了"市场需求",相比之下,没有足够重视教育主体"人才"本身的需求。"教"的一方对人才的要求不断加码,但从目前商务日语人才供需矛盾仍未得到有效解决的现状来看,"学"的一方动力不足的问题非常明显。因此,对高校商务日语专业或商务日语方向学生主体的研究应该进一步加强。同时,与高职商务日语专业形态不同,对于大部分普通高校中以方向形态存在的商务日语来说,不得不思考如何缩小教学和不断延伸的人才培养目标之间的差距问题。

(二)商务日语实践教学体系的"体系化""一体化"尚待加强

商务日语实践教学体系研究主要围绕提高学生的"应用能力"和"实践能力"展开,以加强学生实践实训教育为主要研究内容,以课程体系建设为中心,将工学结合、校企合作、校外实训基地、国际合作项目开发等"课堂内 + 课堂外""校内 + 校外"甚至"国内 + 国外"的形式和模式引入到商务日语人才培养模式当中,此外还包括相应的教学评价体系的研究。但上述研究主要是围绕各个环节"点"进行的研究,对各环节协调配合的整体研究还不够深入。

二、商务日语课程和课程体系建设的研究

随着商务日语人才培养目标的不断延伸,课程和课程体系建设及优化的问题也随之突显,成为目前商务日语研究的主题和主体。

(一)商务日语课程的研究

课程研究即为了保证课程教学目标的实现而对课程的内容体系、教学

方法、教学手段、评价方法等进行的研究。在商务日语课程研究中，涉及课堂教学方法的论文数量最多。商务日语课堂教学改革研究的主要目的是改变传统日语课堂教学中教师讲解语言知识为主的课堂模式，打造以学生为主体，加强实践教学内容的课堂教学模式。而商务日语课堂教学法的代表成果即为课堂模拟实践教学法。其中包括了角色扮演法、任务驱动法、商境模拟法、项目教学法等几种主要的教学方法，这些教学法因为在教室内完成，成本较低且便于评价，受到教师青睐，因此将这些教学法与某一门课程相结合的探索和实践经验的总结较多，但缺少实证研究。同时，也有研究者强调应回归外语教学法。王琳[①]和胡小春、陈岩[②]就先后指出交际法和内容教学法是十分符合商务日语教学的方法。此外，为了将课堂教学更好地延伸到课堂外，通过网络新媒体技术的应用，也引入了网络平台互动法作为课堂教学的有效补充。虽然这些研究证明一定程度上增加了课堂实践教学的比重，但也从另一侧面说明了目前商务日语教学以课堂教学模式为主的状况仍然没有实质性的改变。

课程内容体系设计方面的研究加强了社会文化尤其是日本企业文化的导入，更重视跨文化交际能力、应用能力、实践能力等综合能力的培养。比较有代表性的是对商务基础日语课程和商务日语课程的内容体系设计研究。力求对这两门商务日语方向核心课程作出系统体系全面的内容设计。但此类研究存在过于强调核心课程的全面性、忽略与其他课程的关联与配合的问题，在具体教学实施过程中，可能会由于课时量有限而无法达到既定效果，或为了达到既定效果去压缩实践教学的时间。商务日语核心课程的教学内容从整体来看，虽然奉行"全人教育"的教学目标，但相当一部分课堂仍然以"知识教育"为主或微调为"知识＋实务训练"的组合设

---

① 王琳 . 论商务日语课程教学改革［J］. 日语学习与研究，2011（3）：67–71.

② 胡小春，陈岩 . 商务日语教育的指导理论、教材编写方针及内容［J］日语学习与研究，2012（1）：73–80.

计，难以真正实施"素养＋实务训练"的内容模式。

（二）商务日语课程体系的研究

课程体系是教学内容和进程的总和，它决定了学生通过学习获得怎样的知识结构。课程体系是人才培养目标的具体化和载体，是保障和提高教育质量的关键。课程体系建设应该在明确了专业定位、特色以及人才培养模式的基础上进行。因为目前各高校商务日语的存在形态并不相同，因此商务日语课程体系也呈现出各异的特点。很多高职院校中开设了商务日语专业，由于高职院校的应用型培养目标更明确，因此课程体系建设系统性更好。在高校普通本科教育中主要是在日语专业中设立商务日语方向。那么相关的课程体系建设研究则主要针对日语专业三四年级展开，商务日语课程体系建设研究在如何处理好基础课程和商务方向课程的衔接上显得有些尴尬且比较混乱。现就商务日语课程体系建设在具体教学实践中存在的主要问题点进行简短分析。

1. 商务日语课程体系建设的目的是保障商务日语人才培养目标的顺利实施，但从根本上来看，应该是以满足学习者的需求为目的的课程体系。商务日语课程体系的构建在更多地关注学习者的社会需求的基础上出现了不少"以职业为导向"的课程体系。但是少数"以行业为导向"的课程体系与人才培养的多样性和适应性是矛盾的。因此，商务日语课程体系建设不能仅追求眼前的"就业效益"，应该加强对学习者本身的研究，思考如何发挥课程体系建设的作用将"学习者需求"转化为"目标需求"，实现二者的有机融合和统一，真正实现以学习者为主体。

2. 为了更好地保障不断延伸的"知识＋能力＋素养"全面发展的商务日语人才培养目标的实施，课程体系中课程数量和具体课程的内容不断增加，但课程体系的逻辑性不够严密，尤其是课程与课程之间的关联性和配合度亟待提高，即横向联系和纵向联系尚不够清晰。出现了虽然课程名称不同，但有相当部分重复内容的情况。因此，应该提高教师在课程体系建设中的参与程度，把课程建设放在课程体系建设中进行，以厘清联系，取消重复，加强商务日语课程体系的"一体化"。此外，商务日语课程体系建设还需要进一步思考如何切实地加大实践教学的比重以及如何将知识传授、能力培养和素养提升相结合相统一的问题。

3. 商务日语课程体系建设应该突出专业特色，发挥高校自身优势，尽可能争取和整合可用教学资源，使课程体系与实践教学体系中的其他要素更好地协调配合，尤其是与时俱进地借助新媒体网络技术的支持和辅助。对传统商务日语课程进行客观地审视，因为传统的商务日语课程虽然存在"重知识传授，轻实践能力培养"的问题，但仍然是整个课程体系中的核心。因此应该在继承的基础上进行改革。商务日语课程体系建设应该更好地通过传统课程的改革和新课程设置的有机结合，有效地处理好课程设置的稳定性和多样性的关系。

三、通过课程群建设构建商务日语实践教学体系

我们可以发现，目前商务日语教学面临的问题主要是，如何缩小商务日语教学和人才培养目标的差距，如何在以学习者为教学主体的前提下将社会需求和学习者需求统一起来，如何在以"日语语言"为核心的基础上融合商务元素，如何将知识、能力、素养目标相融合并落实到商务日语教学当中，等等。这些问题必然要通过教学改革来解决，基于课程群视角构建商务日语教学体系是解决问题的路径之一。

（一）课程群

1. 课程群的内涵

课程群是指具有相互影响、互动、有序，相互间本可构成独立完整的教学内容体系的相关课程，进行重新规划、设计、构建的整合性课程的有

机集群。课程群不是简单地把课程体系中几门相关的课程进行拼叠，而是以课程体系中的纵向课程为主线，将若干在知识、方法、问题等方面有逻辑联系的横向课程从课程内容、教学方法等方面进行重新规划和设计，并根据学科发展的实际需要进行取舍后构建的完善相应专业学生的知识、能力、素质结构的相对完整却又开放，相对独立却又相互联系的教学内容体系。课程群具有构建上的逻辑化、教学内容的整合化、制作管理的模块化以及结构体系的动态化等性质。

2. 课程群建设与课程建设及课程体系建设的区别和联系

课程体系建设是根据社会、学生及学科发展需要，围绕国家教育目的和学校办学目标，从宏观层面对课程结构、比例分配以及教学目标、教学计划、教学大纲的制定等各个主要教学环节进行指导，以便更好地提高教育质量而进行的建设。课程体系建设在处理课程的稳定性、多样性和特色化的关系方面存在一定的局限。课程建设则是针对某一门课程在教学目标、计划、内容等方面进行"点"的微观细致的建设。高校人才培养目标不是一门课可以完成的，过于强调某一门课程的系统性和完整性，其具体实施很可能因为无法解决内容多课时少的矛盾而搁浅。课程群建设是结合学习者具体认知需求和认知能力进展状况，从界于课程建设和课程体系建设中间的层面，整合相关课程，去除重复内容，将能力素养教育与知识教育进行融合，规划出能够提高教学效率的新的课程群，具有操作性和实用性强的优势。在经过以教学基本建设为中心的课程建设初始阶段后，为了更好地保障人才培养目标的落实，很多高校着力于创新整合优化实效的课程体系建设，课程群建设应运而生。

（二）高校商务日语课程群建设和实践教学体系构建的探索

1. 明确有层次性递进持续的阶段培养目标，并根据阶段目标设置模块化的课程群。以明确的人才培养目标为导向，制定切实可行的阶段目标有利于推进整体目标的实现。本研究在"社会需求"和"学习者需求"调查结果的基础上，将商务日语专业实践教学目标确定为：培养具有扎实的日语语言知识基础和较强的日语应用能力，了解日本社会文化尤其是日本企业文化、商务礼仪和日本人思维方式，有较强的跨文化沟通交流能力、团队合作能力和实践操作能力，熟悉掌握商务贸易知识，充分理解商贸规则和流程，有较强的自主学习能力和思辨创新精神，具备良好的职业道德和职业习惯的、适应能力强且多样化的应用型商务日语人才。根据高校商务日语方向高年级阶段学生课程设置的一般要求，将上述商务日语实践教学的人才培养目标按照循序渐进的原则分为"基础进阶"（第五学期）、"巩固提高"（第六学期）和"综合提升"（第七八学期）三个阶段，并从知识、能力、素养三个方面细化了每个阶段的阶段目标。当然能力和素养的养成应该是贯穿于每一个教学阶段和环节的，但阶段目标更多地体现知识和能力素养融会贯通的关系和重点指向。

2. 重视理论实践的贯通和融合，并与能力培养和素养教育形成相互协调相互促进的有机整体，建成开放动态的课程群，充分发挥课程群实用高效的优势，体现课程设置稳定性和多样性。

商务日语实践教学课程群建设根据对人才培养目标支撑作用还是辅助作用，下设主线子课程群和辅线子课程群并以此协调课程设置的稳定性和多样性的关系，稳定性是多样性的基础和支撑。主线子课程群以核心课程为主导，夯实基础，并行设置演练课程，将理论与实践相结合并通过实践加深对理论的学习和理解，后续实训课程提高学生的实践操作和应用能力。三种类型的课程具有较强的系统性和关联性、注重学生学习的整体性。尤其是将自主学习类型的课程也一并加入主线子课程群，充分体现了学生的主体地位和对学生学习能力培养的重视。而辅线子课程群则是商务日语实践教学课程群建设的开放动态的模块，这是对"学习者需求"的充分尊重和人才培养多样性的有效尝试。辅线子课程群包括选修课程，第二课堂课程和拓展课程，分别相应地补充辅助主线子课程群的核心课程、演练课程和实训课程。两个子课程群相互配合，实现了学习内容模块化，保证了学生学习的一体化和整体系统的学习体验，具体如图7.1所示。

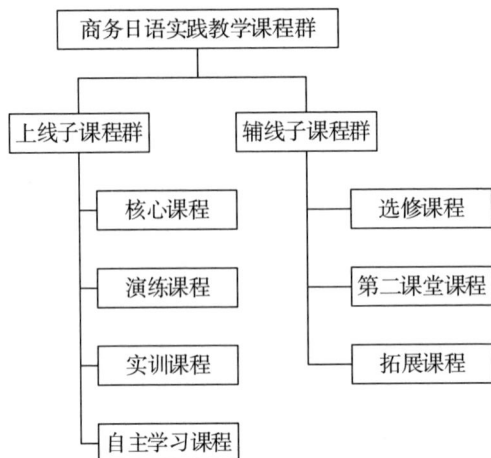

图 7.1 商务日语实践教学课程群结构图

3. 既坚持日语语言学习和应用的核心原则，又注重语言和商务知识的结合；既满足"目标需求"，又重视"学习者需求"，尝试通过课程设置吸引职业关注，增进职业了解，以引导学习者确立职业规划和理想，实现两个需求的统一，有效促进素养培养目标的达成。

核心课程作为整个课程体系的支撑贯穿商务日语专业教学的全过程，着重突出听说能力的培养，从会话到口译再到综合应用，使商务知识不断与日语语言结合的同时加深对商务情景的理解。演练课程是通过实践教学方法，加大实践教学比重，甚至可以通过"翻转课堂"等形式实现以实践教学为主，对基础理论"即讲即练"，加深对知识的理解。实训课程则是在演练的基础上侧重进行实际操作技能训练，但除此以外，也包括了办公软件使用等要求和训练。第五学期基础进阶阶段以商务日语基础知识学习为重点，与核心课程并行设置三门演练课程和一门实训课程。第六学期则设置一门演练课程和三门实训课程，通过进一步加强实践教学以巩固强化上一阶段学习成果并提高技能，第七八学期的课程设置则以提高学生就业能力为中心，加强社会人基本技能教育。第五学期和第六学期还设置了商务日语阅读作为自主学习课程，第五学期阅读内容以日本社会文化、商务小说节选、商务人士日志为主；第六学期则以日本经济发展史和时事政治热点、日本企业文化和匠人精神为主。第七八学期则主要为学生的就业需求服务，内容以行业日语学习为主。自主学习课程并不是"彻底撒手"推给学生，而是"适当放手"，通过评价反馈督促学生自主学习并以此培养学生的自主学习能力，学生的自主吸收和思考将有效提高素养教学的实效。同时，这对解决高校商务日语专业课时不足的问题也是有益的尝试。因此，不管从内容还是形式，本研究认为自主学习课程"当之无愧"为主线子课程群的并行课程。辅线子课程群的选修课程则更多考虑扩大学生知识面，满足学生的兴趣爱好。而第二课堂课程则是把商务日语学习通过活动和竞赛的形式呈现，激发学生的学习热情，培养学生的学习兴趣和动机，引导"学习者需求"与"目标需求"实现统一。拓展课程则是整合利用商务日语实践教学体系中校外实训基地和国际合作项目等"校外""国外"等所有可利用资源为人才培养目标服务。

4.通过借助网络新媒体技术将"线上教学"和"线下教学"相结合，并建立商务日语学习平台为教学及评价和管理的实施提供更多便利和保障。网络信息技术已经普遍进入我们的日常生活，因此，网络媒体技术的应用早已成为教育教学改革的重要组成部分。商务日语实践教学课程群及整个体系的实施和运行应该更多地借力于网络新媒体技术。通过商务日语学习平台的建设，可以将教学延伸到课堂外，随时随地便于教学。同时网络资源信息的合理利用可以加强"教与教""学与学""教与学"的交流。尤其是网络新媒体技术更符合课程群管理和评价的现实要求。如可以为学生建立"商务日语实践教学课程群电子评价档案"，将学生基本信息，课程群信息、学习计划和总结、学习过程记录（内容包括课外作业，参赛获奖作品、校外国外参观实习报告等；记录形式可为文档、图片、声音、网络链接等）、多元立体的学习效果评价等纳入其中。

5. 商务日语实践教学课程群的教学评价。为了更好地提高实践教学的质量，需要改革传统的单一的终结性评价方式，引入重视学习过程的多样化的形成性评价方式。评价主体除教师评价以外，还应该包括学生自评和学生互评，为了有效建立反馈体系，也可包括实训实习单位评价等。此外应该根据课程群主线子课程群和辅线子课程群的不同功能和核心课程、演练课程、实训课程等不同课型的特点采用定性评价和定量评价相结合的原则，使评价更具体、更客观，以便为学生的学和教师的教提供更完整全面的反馈参考意见，从而更好地改进教学以促进教学质量的提高。

第二节　教育质量保障机制

一、教学大纲

教学大纲是学校教学的指导性文件，用于明确教学目标、教学内容、教学策略、评价方法等，确保教学过程具有系统性和规范性。

教学大纲应明确商务日语课程的整体目标和学习要求，规划教学内容和教学进度。这些内容涵盖商务日语的基础知识、实用技能、相关文化背景，以及与商务活动相关的语言表达和交际策略。

教学大纲应指导教师选择合适的教学方法和教学资源，包括案例教学、角色扮演、实践项目等方式，以促进学生的实际应用能力和交际技能。

教学大纲应包含评估学习成果和教学效果的相关指标和标准。这些评估可以通过定期测验、作业评定、口语表达等方式进行，以确保学生达到了预期的学习目标，并反映在他们的语言水平和实践能力上。

教学大纲应根据商务环境和学生情况的变化适时进行更新，使教学内容、教学策略始终与学生水平相适应。

二、师资队伍建设

商务日语教育的质量保障机制中，师资队伍建设是至关重要的一环。优秀的师资队伍是保障教育质量的关键，他们的专业水平、教学能力以及对学生的关心和引导直接影响着教育效果和学生的学习体验。商务日语专业师资队伍建设应注重以下方面。

提高教师职业素养。这包括既精通商务日语的语言知识，又具备丰富的商务实践经验和教学经验的教师。这些教师不仅需要精通商务日语的语法、词汇和表达方式，还需要了解商务文化、行业潜规则和跨文化交际技巧，以便能够将商务日语教育与实际商务场景相结合，提高教学的实用性和适用性。

提高教师业务水平。随着商务日语教育的不断发展和变化，教师需要不断更新知识和提升能力，以满足教学的需求。学校可以组织各种形式的教师培训和学术交流活动，如研讨会、讲座、培训班等，为教师提供学习和成长的机会，提高其教学水平和教学质量；可以引进外籍教师或邀请商务领域的专业人士来担任教学工作；与企业合作，为教师提供更多的实践机会，帮助他们将商务日语教育与实际商务活动相结合，提高教学的实践性和应用性。

合理的奖惩制度。在构建师资队伍时，需要考虑到教师的专业领域和教学经验的多样性，以确保教学内容的全面性和教学质量的稳定性。同时，还应该建立科学合理的激励机制，如提供良好的薪酬待遇、晋升机会、教学奖励等，以激发教师的积极性和创造力，提高其教学热情和教学效果。

优秀的师资队伍能够提供高质量的教学服务，推动商务日语教育稳健发展。学校应该重视师资队伍建设，不断提升教师的专业水平和教学能力，为学生提供更优质的教育服务。

三、教学设施和资源

商务日语教育的质量保障机制中，教学设施和资源是至关重要的组成部分。优质的教学设施和资源能够提供良好的学习环境，支持教学活动的顺利开展，从而提高教学质量和学习效果。

教学设施方面，商务日语教室应该布局合理、明亮舒适，配备先进的多媒体设备和教学工具，以支持多种教学方法的实施。电脑、投影仪、音响等设备可以支持教师进行多媒体教学、网络教学和远程教学。学校还可以利用虚拟现实、增强现实等技术手段，为学生提供更丰富多彩的学习体验。

教学资源方面，教学资源应该覆盖商务日语教育的各个方面，从基础知识到实用技能，从商务文化到商务沟通，满足不同学生的学习需求。同时，教学资源还应该与时俱进，及时更新，以反映商务日语领域的最新发展趋势。

教学设施和资源还应该考虑到学生的个性化学习需求，提供定制化的教学服务和学习资源，如小班教学、一对一教学等。

优质的教学设施和资源能够提供良好的学习环境和学习资源，支持教学活动的顺利开展，提高教学质量和学习效果。因此，商务日语教育机构应该重视教学设施和资源的建设和管理，不断更新教学设备和教学资源，为学生提供优质的教育服务和学习体验。

四、课程评估和监督

课程评估和监督可以帮助教师及时发现问题、改进教学内容。课程评估包括教学内容、教学策略、教学进度、教学资源等方面。评估可以通过学生评价、教师评价、教学观察、课程审核等方式进行，以确保评估结果客观、全面。

课程监督主要是指对教学过程和教学效果进行监督，确保教学活动的规范和有效。课程监督包括教学进度的执行情况、教学方法的实施效果、教学资源的使用情况等。监督可以由学校教学管理部门或外部监督机构负责。

课程评估和监督贯穿于教学全程。学校可以制定专门的评估和监督计划，明确评估和监督的内容、方式和周期，确保评估和监督的及时性和有效性。同时，还应该建立健全的评估和监督机制，明确评估和监督的责任人和程序，确保评估和监督的科学性和规范性。课程评估和监督的结果应该被及时反馈给教师和学生，以促进教学的改进和学习的提高。学校可以通过开展教学研讨会、组织教学培训、提供个性化辅导等方式，帮助教师根据评估和监督结果调整教学方法和教学资源，提高教学质量和教学效果。同时，还可以通过课程反馈、学生评价等方式，收集学生的意见和建议，为课程的改进提供参考。课程评估和监督是保障商务日语教育质量的重要手段，对于提高教学质量和学习效果具有重要意义。学校应该重视课程评估和监督工作，建立健全的评估和监督机制，确保评估和监督的及时性、有效性和科学性。同时，还应该加强评估和监督的结果运用，促进教学的改进和学习的提高，为商务日语教育的发展和进步提供保障。

五、学生评价和反馈

商务日语教育的质量保障机制中，学生评价和反馈是至关重要的环节。学生作为教育的主体和受益者，他们的评价和反馈能够直接反映教学的效果和学习的体验，为学校提供改进教学、提高教学质量的重要参考依据。学生可以通过评价表、问卷调查、面谈等方式对教学过程和教学效果进行评价，包括教师的教学态度、教学方法的有效性、教学资源的充足性等方面。这些评价可以帮助学校了解学生的学习需求，及时发现问题、改进教学，提高教学质量。学生评价和反馈应该是一个持续的过程，贯穿于整个教学周期。学校可以制定专门的评价和反馈机制，明确评价和反馈的内容、方式和周期，确保评价和反馈的及时性和有效性。

六、课程认证和资质认证

课程认证是指对商务日语课程的内容、设置、教学方法等方面进行审核的过程。学校申请课程认证，将自己的商务日语课程提交给相关认证机构。认证机构根据一定标准，对课程的设计、教学目标、教学内容、教学方法、教学资源等方面进行评估，以确定课程是否符合标准，并给予认证。此种认证在一定程度上提升了学校的知名度和竞争力，能够吸引更多学生报名学习。

资质认证是指对商务日语专业的师资水平、教学能力、教学设施等方面进行审核的过程。学校将自己的师资队伍、教学设施等提交给相关认证机构进行评估和审核。认证机构会根据一定的标准，对教师的资历、教学经验、教学能力等方面进行评估，对学校的教学设施、教学资源、管理水平等方面进行审核，以确定学校和教师是否具备相应的资质，并给予认证证书或资质标识。通过资质认证，学校可以证明其教学质量和管理水平，提高教育服务的信誉和可信度，为学生和社会提供更加可靠的教育服务。

课程认证和资质认证应该是一个持续的过程，学校应该不断提升教学质量，以满足学生的学习需求和社会的教育需求。认证机构也应该及时更新认证标准，以适应商务日语教育的发展和变化，保证认证的科学性和公正性。课程认证和资质认证是商务日语教育质量保障机制中的重要环节，对于提高教学质量和学习效果具有重要意义。教育机构和认证机构应该共同努力，建立健全的认证体系，确保认证的公正、科学和有效，为商务日语教育的发展和进步提供保障。

第三节 学生评价与反馈

一、课程内容和教学方法评价

在商务日语教育中，学生评价与反馈主要包括对课程内容和教学方法的评价。学生的评价和反馈意见能够帮助教师更好地了解学生的学习需求，及时调整教学内容和教学方法，提高教学质量。

商务日语教育的课程内容应该包括商务日语的基础知识、专业词汇、商务礼仪、跨文化交际等方面的内容。学生可以就课程内容的设置、内容的覆盖面、实用性和适用性等方面进行评价，提出对课程内容的建议和意见，帮助学校和教师更好地设计和调整课程内容，满足学生的学习需求和实际应用需求。

商务日语教育的教学方法应该注重实践性和互动性，包括课堂教学、案例分析、角色扮演、实践项目等多种教学方法。学生可以就教学方法的灵活性、趣味性、互动性和适用性等方面进行评价，就教学方法提出建议和意见。

学校可以通过定期组织学生座谈会、开展课程评估问卷调查、设立在线反馈平台等方式，收集学生的评价和反馈意见，了解学生的学习需求，及时调整课程内容和教学方法，提高教学质量和学习效果。同时，学校和教师还应该积极回应学生的评价和反馈意见，增强学生对商务日语教育的信心和兴趣，促进教学质量的不断提升。

二、教学资源和设施评价

教学资源和设施的质量直接影响到学生的学习体验和学习效果，因此，学生的评价与反馈对于学校和教师改进教学、提高教学质量具有重要意义。

评价教学资源，如教材、参考书籍、多媒体资料、在线学习平台等，帮助学校配置和更新教学资源，提高教学效果和学习体验。

评价教学设施，如教室、实验室、图书馆、自习室等，环境是否舒适，设施是否齐全、实用，并提出改进建议。

学校可以定期收集学生的评价，了解学生对教学资源和设施的需求，及时进行调整。同时，积极回应学生的评价和反馈意见，增强学生的参与感，提高学生对商务日语教育的信心和兴趣。

商务日语教育的学生评价与反馈，涉及教学内容、教学方法、教学资源和设施等多个方面。学校必须建立健全反馈机制，促进教学质量的不断提升。

三、学习体验和学习成果评价

学生对学习体验和学习成果的评价能够帮助学校、教师了解学生的学习情况，从而有针对性地进行改进。

学习体验评价主要包括学习过程中的感受，如课堂氛围是否活跃、教学内容是否生动、教师的教学态度是否积极等。学生的学习体验直接影响到学习效果，学校和教师必须不断改进教学方法，改善教学环境，提高学生的学习体验。

学习成果评价主要包括商务日语知识的实际应用情况。商务日语教育的最终目标是让学生掌握实用的商务日语技能，能够在工作和生活中灵活运用。因此，学生的学习成果是评价教学质量的重要指标之一。学生可以通过考试成绩、作业表现、实践项目等方式展现学习成果，并对自己的学习成果进行评价和反馈。学校和教师可以根据学生的学习成果，及时调整教学内容和教学方法，帮助学生更好地提升商务日语能力。

学习体验和学习成果评价是商务日语教育质量保障的重要环节，对于学校和教师改进教学、提高教学质量具有重要意义。因此，学校和教师应该建立健全的评价和反馈机制，鼓励学生积极参与评价和反馈，及时收集学生的评价和反馈意见，根据学生的评价和反馈意见进行调整和改进，提高教学质量和学习效果。学校和教师还应该关注学生的个体差异，针对不同学生的学习情况和学习需求，提供个性化的学习支持和服务，帮助学生更好地实现学习目标。通过不断优化教学内容和教学方法，提高学生的学习体验和学习成果，促进商务日语教育的持续发展和进步。

四、改进建议

商务日语教育的学生评价与反馈中，学生提出的改进建议是学校和教师改进教学、提高教学质量的重要依据。学生的改进建议通常涉及课程设置、教学方法、教学资源、学习环境等方面，通过收集和分析学生的意见和建议，学校和教师可以及时调整教学策略，提升教学效果，满足学生的学习需求。学生可能提出关于课程设置的建议。他们可能会就课程设置是否合理、课程内容是否充实、课程安排是否合理等方面提出意见。例如，他们可能认为某些课程内容过于理论性，缺乏实践性，建议增加实践项目或案例分析等内容，以提高课程的实用性和趣味性。学生可能提出关于教学方法的建议。他们可能会就教师的授课方式、教学材料的使用、互动方式等方面提出意见。例如，他们可能认为某些教学方法过于单一，缺乏趣味性，建议增加多种教学方法，如角色扮演、小组讨论等，以增加课堂的活跃度和吸引力。学生可能提出关于教学资源的建议。他们可能会就教材的选用、图书馆的藏书情况、实验室的设备状况等方面提出意见。例如，他们可能认为某些教材内容过时，建议更新教材版本；或者认为图书馆藏书不足，建议增加相关书籍和资料的采购。学生还可能提出关于学习环境的建议。他们可能会就教室的设施设备、图书馆的开放时间、自习室的利用情况等方面提出意见。例如，他们可能认为教室的座位不够舒适，建议更换座椅；或者认为自习室的开放时间不够灵活，建议延长开放时间，满足学生的学习需求。对于学生提出的改进建议，学校和教师应该认真对待，并及时进行反馈和回应。他们可以通过组织座谈会、设置反馈信箱、开展在线调查等方式，收集学生的意见和建议，并根据实际情况进行调整和改进。同时，学校和教师还应该积极向学生解释调整和改进的原因，增强学生的参与感和满意度。学生的改进建议是商务日语教育质量提升的重要动力和依据。学校和教师应该重视学生的意见和建议，通过建立健全的反馈机制和积极的回应机制，不断改进教学内容和教学方法，提高教学质量和学习效果，为学生提供更优质的商务日语教育服务。

第八章　未来商务日语人才培养的展望

第一节　行业趋势与变革

一、数字化转型

未来商务日语行业的发展将受到数字化转型的深刻影响。随着数字技术的不断发展和普及，商务日语行业将逐步向数字化、智能化方向发展，带来诸多变革和趋势。

在线学习平台将成为商务日语学习的主要渠道之一。学习者可以通过各种在线学习平台获取商务日语课程、教材和资源，随时随地进行学习，提高学习的便捷性和灵活性。

虚拟教室将成为商务日语教育的新趋势。借助虚拟现实（VR）技术，学习者可以在虚拟环境中参与商务日语课程，与教师和同学进行互动交流，提高学习的沉浸感和参与度。智能学习系统也将得到进一步发展，根据学习者的学习历程和表现，自动调整教学内容和教学方法，提供个性化的学习支持和指导，帮助学习者更加高效地掌握商务日语技能。多媒体教学资源的丰富也将成为未来的发展趋势。

随着多媒体技术的发展，商务日语教学资源将更加丰富多样化，学习者可以通过各种多媒体资料，如视频、音频、动画等，加深对商务日语知识的理解，提高学习的趣味性。在线评估和反馈系统的应用将帮助学习者及时调整学习策略,提高学习效果。移动学习的普及也将成为未来的趋势。学习者可以利用碎片化的时间，在各种场景下进行学习，在社交平台与其他学习者分享学习经验、交流学习心得。

综上所述，数字化转型将为商务日语行业带来诸多机遇和挑战，学校和教师需要及时了解并适应这些变革，以提高教学质量和学习效果，满足学习者的需求和社会的发展需求。

二、个性化学习

个性化学习是指根据学习者的兴趣、能力、学习风格和学习需求，量身定制学习计划和教学内容，提供个性化的学习体验和学习支持。随着教育技术的不断进步和智能化学习系统的发展，个性化学习将成为商务日语教育的重要发展方向，带来以下几方面的变革和趋势。

未来商务日语教育将更加注重根据学习者的不同需求和能力水平，提供个性化的学习路径。智能学习系统将根据学习者的学习历程和表现，自动调整教学内容和教学方法，为每个学习者量身定制学习路径，帮助他们更加高效地学习商务日语。此外，未来商务日语教育将更加注重根据学习者的兴趣和需求，提供个性化的学习内容。学校和教师将根据学习者的学习目标和实际需求,选择或开发符合学习者兴趣和需求的教材和课程内容，提供个性化的学习体验和学习支持。

综上所述，教师需要不断探索个性化学习的方法和策略，促进学习者全面发展。

三、跨文化交流

随着全球化进程的加速，跨文化交际能力成为商务人士必备的核心竞争力之一。未来，商务日语教育将更加重视培养学习者的跨文化意识和跨文化交际能力。学习者需要了解不同文化背景下的商务礼仪、沟通方式，在实践中提高跨文化交际能力。学校也会积极与企业合作，让学习者在实际商务环境中锻炼跨文化交际能力。

四、新兴技术应用

新兴技术应用也将是未来商务日语行业的趋势之一。随着科技的不断发展和创新，新兴技术的应用将为商务日语行业带来诸多机遇和挑战，推动行业的进步和发展。人工智能（AI）技术的应用将成为未来商务日语行业的重要趋势。人工智能技术将被应用于商务日语教育和实践中，提供智能化的学习和工作支持。例如，智能语音识别技术可以帮助学习者提高听力和口语能力，智能机器翻译技术可以帮助学习者快速翻译商务文档和交流信息，智能学习系统可以根据学习者的学习需求和表现，提供个性化的学习支持和指导。大数据技术的应用将为商务日语行业带来更加精准和有效的学习和实践支持。通过分析海量的商务日语学习和实践数据，可以发现学习者的学习偏好和学习难点，为教学内容和教学方法的优化提供参考。

同时，大数据技术还可以帮助企业和组织分析市场需求和竞争态势，制定更加有效的商务日语战略和计划。虚拟现实（VR）和增强现实（AR）技术的应用将为商务日语教育和实践带来全新的体验和可能性。通过虚拟现实和增强现实技术，学习者可以在虚拟环境中参与商务日语课程和实践项目，与虚拟商务伙伴进行交流和合作，提高商务日语能力的实际应用价值。区块链技术的应用也将为商务日语行业带来更加安全和可信的学习和交流环境。区块链技术可以确保商务日语学习和交流的信息安全和隐私保护，防止信息被篡改和泄露，为学习者提供安全可靠的学习和交流平台。新兴技术的应用将为未来商务日语行业带来诸多机遇和挑战，推动行业的进步和发展。学校、企业和个人需要及时了解并积极应用新兴技术，不断优化商务日语教育和实践的内容和方法，提高教学质量和学习效果，满足学习者的需求和社会的发展需求。

五、灵活就业模式

未来商务日语行业的发展将受到灵活就业模式的影响。随着全球化进程的加速和信息技术的发展，远程工作和自由职业将变得越来越普遍。从业者通过互联网平台和远程办公工具，可以在任何时间、任何地点进行工作，享受更加灵活的工作和生活方式。

共享经济模式将为商务日语行业带来新的发展机遇。例如，商务日语教师或学生可以在共享平台分享日语课程、学习资源，商务日语翻译可以在共享平台接受来自全球的翻译任务。

零工经济模式将成为新趋势。零工经济是指个体从业者通过接受临时性、项目性的工作来获取收入。未来，商务日语学习者可以接受项目性的商务日语翻译、教育和咨询等工作来获取收入。

自主创业者也会逐渐增多。商务日语学习者可创办日语培训学校、翻译公司、咨询公司等，为行业的发展和壮大做出贡献。

商务日语学习者必须顺应时代发展，积极探索新的业务模式，提高个人的竞争力，实现个人价值和职业目标的最大化实现。同时，政府和行业组织也需要出台相关政策和措施，为灵活就业模式的发展和推广提供支持和保障，促进商务日语行业的健康和可持续发展。

第二节　教育体系的未来发展方向

一、注重实践导向

未来的商务日语教育体系将更加强调实践导向，这意味着教学内容将更加贴近实际商务场景，旨在培养学生在实际商务环境中运用日语的能力。教学内容将通过案例分析的形式，让学生深入了解真实的商务案例，从中学习商务日语的应用。通过分析真实案例，学生可以了解不同商务场景下的语言表达方式、沟通技巧和文化差异，从而更好地应对类似情况。

角色扮演将成为未来商务日语教育的重要组成部分。通过角色扮演，学生可以模拟各种商务场景，如商务会议、业务洽谈、客户服务等，扮演不同的角色，运用所学的商务日语进行交流和沟通。这种实践性的学习方式不仅可以帮助学生提高日语口语表达能力，还可以增强他们在实际商务环境中的自信心和应对能力。

模拟商务谈判也将成为未来商务日语教育的重要环节。在模拟商务谈判中，学生将扮演商务代表，与同学或教师进行模拟商务谈判，通过双方协商、辩论和讨价还价等活动，锻炼自己的商务谈判技巧和日语应用能力。通过这种实践性的学习方式，学生不仅可以提高自己的商务日语水平，还可以培养解决问题和协商能力，为将来从事商务工作打下坚实的基础。

二、实践项目和实习机会

未来商务日语教育体系的未来发展方向之一是加强实践项目和实习机

会的提供。随着商务日语教育的发展，学习者不仅需要掌握语言技能和文化知识，还需要具备实际应用能力和实践经验，才能在商务领域中取得成功。因此，未来商务日语教育体系将注重为学习者提供丰富多样的实践项目和实习机会，以帮助他们将所学知识和技能应用到实际工作中，并提前适应商务环境的要求。未来商务日语教育体系将积极开展与实际商务活动相关的实践项目。这些项目可以涵盖商务沟通、商务谈判、商务文书撰写等方面，让学习者通过实际案例和情景模拟，锻炼商务日语应用能力和解决问题的能力。例如，学习者可以参与模拟商务会议、商务谈判、商务报告等项目，提高商务沟通和表达能力。未来商务日语教育体系将提供丰富多样的实习机会，让学习者在真实的商务环境中进行实践。这些实习机会主要包括在跨国企业、外资公司、跨文化机构等组织中的实习，让学习者亲身体验商务日语的应用场景和商务文化的工作方式。通过实习，学习者不仅可以提高商务日语能力，还可以了解商务行业的运作机制和行业规范，为未来的职业发展打下坚实的基础。未来商务日语教育体系还将加强与企业和组织的合作，为学习者提供更多的实践机会和实习资源。学校可以与企业和组织建立合作关系，共同开展商务日语教育项目、实践项目和实习计划，为学习者提供更加丰富和有价值的实践机会。企业和组织也可以通过参与教育项目和提供实习岗位，吸纳优秀的商务日语人才，实现人才培养和人才储备的双赢局面。实践项目和实习机会将成为未来商务日语教育体系的重要发展方向，将通过开展实践项目、提供实习机会、加强与企业和组织的合作等方式，为学习者提供更加丰富、实用和有价值的学习体验，促进商务日语教育的创新和发展。

三、终身学习

未来，商务日语教育体系的未来发展方向之一是促进终身学习。随着社会的不断发展，商务日语作为一种重要的语言技能，在商业领域的需求也在不断变化。因此，未来商务日语教育体系将致力于推动学习者实现终身学习，不断提升自己的商务日语水平和相关技能，以适应不断变化的商业环境和职业要求。未来商务日语教育体系将建立健全的终身学习体系。这包括建立完善的课程体系和学习路径，提供多样化的学习资源和教学方法，为学习者提供灵活、便捷的学习环境和学习支持。通过在线学习平台、远程教育课程、自主学习项目等方式，学习者可以随时随地进行学习，不受时间和空间的限制，实现真正意义上的终身学习。未来商务日语教育体系将注重学习者的自主学习能力和学习动力。学习者将培养自主学习的习惯和能力，主动获取和掌握知识，不断提升自己的商务日语水平和相关技能。学校和教师将通过激发学习者的学习兴趣和学习动力，提供个性化的学习指导，帮助学习者实现自我成长和自我发展。未来商务日语教育体系还将加强与企业的合作，促进学习者实现职业发展和职业转型。学校可以与企业建立合作关系，开展职业培训项目、行业认证课程等活动，为学习者提供与实际工作相关的学习机会和职业发展支持。企业也可以通过参与教育项目和提供就业机会，吸纳优秀的商务日语人才，实现人才培养和人才储备的双赢局面。未来商务日语教育体系还将加强与社会和社区的联系，推动学习者参与社会实践和公益活动。学习者可以通过参与志愿活动、社会实践项目等方式，将所学知识和技能应用到实际社会中，为社会和经济发展做出积极贡献，实现个人价值和社会责任的双重目标。终身学习将成为未来商务日语教育体系的重要发展方向，将通过建立健全的终身学习体系、培养学习者的自主学习能力和学习动力、加强与企业的合作、推动学习者参与社会实践等方式，为学习者提供持续的学习机会和学习支持，促进商务日语教育的创新和发展。

四、多元化教学方法

随着社会的不断发展和教育理念的更新，传统的教学方法已经不能满足学习者的需求，因此未来商务日语教育体系将倡导和实施多元化的教学方法，以提高教学效果和学习体验[①]。未来商务日语教育体系将采用案例教学法。案例教学是一种基于真实商务案例的教学方法，通过分析和讨论实际商务案例，让学习者了解商务实践中的问题，培养解决问题的能力和实践能力。商务日语教育体系将引入丰富多样的商务案例，让学习者通过分析和讨论案例，掌握商务日语的应用技能和实践技巧，提高商务日语的实际运用能力。未来商务日语教育体系将采用项目驱动教学法。项目驱动教学是一种以项目为核心的教学方法，通过学习项目的设计、实施和评估，培养学习者的合作能力、创新能力和解决问题的能力。商务日语教育体系将设计和组织丰富多样的项目，如商务沟通项目、商务谈判项目、商务报告项目等，让学习者通过参与项目，锻炼商务日语应用能力和实践能力，提高商务日语的实际运用水平。未来商务日语教育体系还将采用合作学习法。合作学习是一种以小组合作为基础的教学方法，通过学习者之间的合作和互动，促进知识的共享和交流，提高学习效率和学习成果。商务日语教育体系将组织学习者参与各种合作项目和活动，如小组讨论、团队作业、合作研究等，让学习者在合作中学习、成长和进步，培养团队合作精神和团队协作能力。未来商务日语教育体系还将注重个性化教学法。个性化教学是一种根据学习者的特点和需求，量身定制教学内容和教学方法的教学方法，以满足学习者的个性化学习需求和学习风格。商务日语教育体系将通过分层教学、个性化学习路径、定制化教学资源等方式，为学习者提供个性化的学习体验和学习支持，提高学习的效果。多元化教学方法将成为

---

① 刘永梅.民族声乐多元化教学的方式方法研究——评《歌唱艺术：呼吸发音规律及生理学基础》[J].中国油脂，2022，47（04）：164.

未来商务日语教育体系的重要发展方向，将通过案例教学、项目驱动教学、合作学习和个性化教学等方式，丰富教学内容、提高教学效果，促进商务日语教育的创新和发展。

五、社群学习和合作

随着信息技术的发展和社交网络的普及，社群学习和合作已经成为教育领域的重要趋势之一。未来商务日语教育体系将倡导和促进学习者之间的社群学习和合作，以提高学习效果和学习体验。未来商务日语教育体系将建立健全的社群学习平台和社交网络。学习者可以通过在线学习平台、社交媒体、专业论坛等方式，加入商务日语学习的社群，与其他学习者分享学习经验、交流学习心得、讨论学习问题等。通过社群学习平台和社交网络，学习者可以与同学、老师、行业专家等建立联系，拓展学习资源和学习机会，提高学习效果和学习成果。未来商务日语教育体系将推动学习者之间的合作学习和协作学习。学习者可以通过合作项目、团队作业、小组讨论等方式，与其他学习者共同学习、共同探讨、共同解决问题，培养团队合作精神和团队协作能力。通过合作学习和协作学习，学习者可以相互促进、相互学习，共同进步，提高学习效果和学习成果。未来商务日语教育体系还将注重师生之间的合作和互动。教师可以充当学习者之间的引导者和组织者，激发学习者的学习兴趣和学习动力，组织学习者之间的合作项目和合作活动，促进学习者之间的交流和合作，提高学习效果和学习成果。同时，学习者也可以充当教师的助手和合作者，参与课堂教学、课程设计、教学评价等方面的工作，共同推动教学的改进和发展。未来商务日语教育体系还将加强与企业和社会组织的合作和交流。学校可以与企业和社会组织合作开展实践项目、实习计划、行业研究等活动，为学习者提供与实际商务活动相关的学习机会和学习资源，促进学习者的职业发展和社会参与。企业和社会组织也可以通过参与教育项目和提供实践机会，吸纳优秀的商务日语人才，推动人才培养和人才交流，促进商务日语教育与实际商务活动的深度融合。社群学习和合作将成为未来商务日语教育体系的重要发展方向，将通过建立社群学习平台和社交网络、推动学习者之间的合作学习和协作学习、加强师生之间的合作和互动、促进与企业和社会组织的合作和交流等方式，为学习者提供更加丰富、互动和有价值的学习体验，推动商务日语教育的创新和发展。

六、全球化视野

随着全球化进程的不断推进，未来的商务日语教育将更加强调全球化视野，这将在多个方面得到体现。

教学内容将更加关注国际商务环境的特点和趋势。教师将引入丰富的案例和实例，让学生了解全球化对商务的影响，以及不同国家和地区的商务文化、法律法规、市场特点等。通过深入了解国际商务环境，学生可以更好地适应不同国家和地区的商务实践，为未来的跨国商务活动做好准备。

商务日语教育将更加注重跨文化交流的培养。学生将学习不同文化背景下的商务礼仪、沟通方式、价值观念等，培养他们在跨文化交流中的敏感性和应对能力。教学内容将涵盖国际商务谈判、跨文化团队合作、国际商务礼仪等内容，通过角色扮演、模拟商务活动等形式，让学生亲身体验跨文化交流的挑战和乐趣，提高他们在国际商务环境中的适应能力。

商务日语教育还将注重培养学生具备在不同国家和地区开展商务活动的能力。学生将学习跨国公司的运营模式、国际市场的拓展策略、国际贸易的相关知识等，以及如何运用商务日语进行国际商务活动的沟通。教学内容将强调实际案例分析和实战演练，让学生在模拟的国际商务环境中锻炼自己的能力，为将来在国际舞台上的竞争提供充分的准备。

第三节　对商务日语人才培养的建议

一、语言技能与商务知识的融合

商务日语人才的培养离不开对语言技能与商务知识的融合。这种融合可以使学习者不仅具备出色的语言能力，还能在商务领域中游刃有余。以下是对如何强化语言技能与商务知识融合的建议。

首先，商务日语人才培养需要注重建立坚实的语言基础。学习者应该通过系统的语言培训，掌握日语的基本语音、词汇、语法等基本知识。这不仅包括日常用语的掌握，还需要学习商务领域常用的专业术语和商务用语，为后续的商务沟通和交流打下基础。

其次，商务日语人才培养需要将语言技能与商务知识有机结合。学习者不仅需要掌握语言表达能力，还需要了解商务领域的相关知识，如商务礼仪、商务文书写作、商务谈判技巧等。因此，商务日语教育应该设置相应的商务课程，涵盖商务实务知识和技能的学习，使学习者具备综合应用语言的能力。

另外，商务日语人才培养需要注重实践性教学。学习者应该通过实践项目、案例分析、角色扮演等方式，将所学语言技能和商务知识应用到实际工作场景中，提高实际应用能力。学校可以与企业合作，开展商务实践项目和实习计划，为学习者提供实际工作经验和实践机会。

此外，商务日语人才培养还需要注重跨文化交流与国际化视野。商务日语人才往往需要在国际化的商务环境中工作，因此他们需要具备良好的跨文化交际能力和国际化视野。学校可以通过国际交流项目、海外实习机会等方式，拓展学习者的国际视野，提高他们的跨文化交际能力。

最后，商务日语人才培养需要持续关注行业动态和技术发展。商务领域的发展日新月异，新的商务模式和技术不断涌现，因此学习者需要保持学习的状态，不断更新自己的知识和技能。学校应该与行业企业和专业机构合作，开展行业研究和技术培训，为学习者提供最新的商务知识和技能培训。

综上所述，未来商务日语人才培养需要强化语言技能与商务知识的融合，通过建立坚实的语言基础、将语言技能与商务知识有机结合、注重实践性教学、关注跨文化交流与国际化视野以及持续关注行业动态和技术发展等方式，为学习者提供全方位、多层次的商务日语教育，培养出适应未来商务环境的优秀人才。

二、实践项目与实习机会

商务日语人才培养的成功离不开实践项目与实习机会的提供。这些实践性的机会可以帮助学习者将所学的理论知识应用到实际工作中，从而提升他们的专业能力和实际应用水平。以下是对如何提供实践项目与实习机会的建议。

学校应该与企业紧密合作，了解企业的实际需求和项目情况，为学习者提供与实际工作相关的实践项目。

学校可以开设专门的实践课程，为学习者提供实践机会。这些实践课程主要包括模拟商务会议、商务谈判演练、商务案例分析等内容，通过实际操作和实践训练，提高学习者的商务日语应用能力和实践能力。

学校可以邀请行业专家和企业代表来校园举办讲座，与企业合作开展实习计划，为学习者提供实习机会。学习者在实践中巩固了所学知识和技能，了解了企业的运作机制和行业发展趋势，积累了宝贵的工作经验。企业也可以通过实习计划挖掘人才，与其建立长期合作关系。

学校可以与行业协会合作开展实践活动。学习者在实践活动中了解行业的最新动态，学习行业专家和从业者的先进经验。

学校应该鼓励学习者积极参与社会实践和公益活动，为社会做出贡献的同时，也可以提升自己的实践能力和综合素质。通过参与社会实践和公益活动，学习者可以锻炼自己的领导能力、组织能力和团队合作能力，提升自己的综合素质和社会责任感。

三、注重跨文化交际

对于学习者而言，能否熟练运用商务日语进行跨文化交际，是否具有国际化视野，极大地影响着未来的职业发展前景。

培养跨文化交际能力。随着全球化进程的加速，跨文化交际能力成为商务人才必备的核心素质。跨文化交际能力的培养。这包括了解不同文化背景下的商务礼仪、沟通方式、价值观念等，以便在跨文化环境中更好地融入和交流。

培养国际化视野。这包括开设国际化课程、组织国际交流活动、提供海外实习机会等。学生接触到不同国家和地区的商务活动，有效培养了国际化视野。

加强国际交流。学校应积极与国外院校、企业和组织开展合作，建立国际交流平台。这可以通过签订合作协议、开展联合项目、举办国际会议等方式来实现。通过国际交流，可以促进师生之间的跨文化交流，提高学生的国际化竞争力。强调跨文化教育与培训。在商务日语课程中，应该融入跨文化教育与培训内容。这包括跨文化沟通技巧、跨文化管理理论、国际商务案例分析等。通过系统的跨文化教育与培训，可以提高学生的跨文化认知水平，增强跨文化交际能力，为他们未来在国际商务领域的发展奠定良好的基础。

鼓励学生参与国际化实践活动。学校应该鼓励学生参加国际化实践活动，如国际商务竞赛、国际商务研讨会、国际商务实习等。通过这些实践活动，学生可以提升自己的国际化竞争力，拓展国际化视野，增加国际化经验，为未来的国际商务事业做好准备。

注重跨文化交流与国际化视野是未来商务日语人才培养的重要方向。通过加强跨文化交际能力的培养、提供国际化的学习资源、加强国际交流、强调跨文化教育与培训以及鼓励学生参与国际化实践活动等方式，可以培养出具有国际竞争力的商务日语人才，为其未来的职业发展打下坚实基础。

四、跨学科融合的课程设置

跨学科融合的课程设置是未来商务日语人才培养的重要趋势之一。

首先，商务日语人才需要不仅具备优秀的语言技能，还要具备商务管理方面的知识。例如，学生可以学习企业管理、组织行为学、领导力等相关课程，从而了解企业的运作机制、管理模式以及领导者在商务环境中的作用。这种跨学科的设置有助于学生全面理解商务活动的背后逻辑和规律，提高其在实际商务场景中的应对能力。

其次，融合国际贸易和市场营销等跨学科知识也是培养商务日语人才的关键。通过学习国际贸易原理、国际商法、国际市场营销等课程，学生可以了解国际贸易的基本流程、国际市场的特点和规律，以及市场营销策略在不同国家和地区的应用。这样的跨学科设置有助于学生更好地理解国际商务的运作机制，为他们在跨国公司、国际贸易企业等领域的就业提供更广阔的机会。

五、持续学习与职业发展规划

商务日语人才的培养需要注重持续学习与职业发展规划，以适应不断变化的商务环境和市场需求。以下是针对此方向的建议。

建立持续学习的理念。商务日语人才应该树立终身学习的观念，意识到学习是一种持续不断的过程，而不是仅限于在校期间的学习。学校和企业应该共同努力，向学生和员工灌输持续学习的重要性，鼓励他们不断提升自己的知识和技能，以适应市场的变化和发展。

提供多样化的学习机会。为了促进持续学习，学校和企业应该提供多样化的学习机会，包括课堂教学、在线学习、培训课程、研讨会等。学生和员工可以根据自己的兴趣和需求选择适合自己的学习方式和学习内容，不断拓展自己的知识面和技能。

制定个性化的职业发展规划。每个人的职业发展道路都是不同的，因此需要制定个性化的职业发展规划。学校和企业可以为学生和员工提供职业发展指导和咨询服务，帮助他们明确职业目标、制定职业规划、规划职业发展路径，实现个人和职业发展的双赢。

加强行业动态和技术发展的跟踪。商务领域的发展日新月异，新的商务模式和技术不断涌现，因此学生和员工需要及时了解行业动态和技术发展趋势。学校和企业可以定期组织行业研讨会、专题讲座、技术培训等活动，为学生和员工提供最新的行业信息和技术知识，帮助他们保持竞争力。

建立良好的学习和职业发展支持体系。学校和企业应该建立健全的学习和职业发展支持体系，为学生和员工提供必要的支持和帮助。这包括学习资源的提供、职业咨询和指导、学习和职业发展计划的制定和跟踪等。通过建立良好的支持体系，可以有效地促进学生和员工的持续学习和职业发展。

持续学习与职业发展规划是未来商务日语人才培养的重要方向。建立持续学习的理念、提供多样化的学习机会、制定个性化的职业发展规划、加强行业动态和技术发展的跟踪，以及建立良好的学习和职业发展支持体系等方式，可以帮助商务日语人才不断提升自己的能力和竞争力，实现个人和职业的持续发展。

六、加强数字化技术应用

加强数字化技术应用是未来商务日语人才培养的重要方向之一。随着信息技术的迅速发展，数字化技术已经成为商务领域不可或缺的一部分，对商务日语人才的要求也随之发生了变化。以下是针对加强数字化技术应用的建议。

整合数字化技术与语言学习。传统的语言学习往往依赖于课堂教学和书面材料，但随着数字化技术的发展，学习方式已经发生了变革。学校可以利用互联网、移动应用和在线学习平台等数字化工具，为学生提供更加便捷和灵活的学习方式。例如，可以开发商务日语在线课程，利用多媒体技术制作教学视频，设计语言学习 App 等，以提高学习的效率和趣味性。

利用人工智能技术进行个性化学习。人工智能技术在教育领域的应用越来越广泛，可以为学生提供个性化的学习体验和学习支持。学校可以利用人工智能技术分析学生的学习行为和学习需求，根据学生的个性化特点和学习进度，推荐适合的学习资源和学习路径，提供定制化的学习方案，以提高学习效果和学习动力。

数字化技术与商务实践的结合。商务日语人才不仅需要具备优秀的语言能力，还需要掌握现代商务工具和数字化技术。学校可以开设与数字化技术相关的商务课程，如数据分析、网络营销、电子商务等，教授学生使用数字化工具和技术解决实际商务问题，提高他们的实际应用能力。

数字化技术与跨文化交流的结合。数字化技术不仅可以为语言学习提供支持，还可以促进跨文化交流和国际合作。例如，可以利用视频会议软件进行跨国跨地区的商务会议，利用社交媒体平台进行跨文化交流和商务合作，以促进不同国家和地区之间的商务交流和合作，拓展商务日语人才的国际视野和国际交流能力。

数字化技术与职业发展的结合。数字化技术已经成为现代商务领域不可或缺的一部分，商务日语人才需要掌握数字化技术，才能适应未来商务环境的发展需求。因此，学校应该加强对数字化技术的培训，为学生提供必要的数字化技能和知识，帮助他们顺利实现职业发展。

七、加强与企业的合作与交流

商务日语人才的培养需要与企业进行紧密的合作与交流，以确保学生能够适应商业环境的需求并具备实践能力。以下是针对加强与企业合作与交流的建议。

建立产学合作机制。学校与企业建立长期稳定的合作关系，共同开展商务日语人才培养项目。这种产学合作机制可以通过签订合作协议、设立产学联合实验室、开展联合研究项目等方式来实现。通过产学合作，可以更好地了解企业的需求，将实际工作场景融入教学中，提高学生的实践能力和就业竞争力。

建立企业导师制度。学校与企业合作，建立企业导师制度，为学生提供专业导师指导和帮助。企业导师可以是企业的商务专业人士，他们可以为学生提供实际的商务指导、行业经验分享、职业规划建议等。通过企业导师制度，学生可以更好地了解商务实践，提高职业素养和能力。

建立校企合作品牌。学校和企业可以共同打造校企合作品牌，通过品牌宣传和推广，提升校企合作的知名度和影响力。

参考文献

［1］王奕红，韩亦男．"问题"核心：新文科视阈下日语专业建设探析［J］．外语教学理论与实践，2023，（06）：51-57.

［2］郑寒．高校日语教学发展创新研究——《中国日语教育发展与日语教学创新》［J］．外语电化教学，2023，（06）：101.

［3］王莹珞．日语教学方法与策略研究——评《日语教学理论及策略》［J］．人民长江，2023，54（11）：254-255.

［4］李春雨．论商务日语在化工企业对外贸易中的应用［J］．塑料工业，2023，51（11）：187.

［5］李华勇．日语语言学及日语语法应用研究——评《日语语言与语法分析》［J］．人民长江，2023，54（10）：257.

［6］童之伟．"汉语权利"向"和化权利"的变异和回归［J］．学术界，2023，（10）：5-25.

［7］马泰祥．语言、文学与认同：论台湾新文学的"跨语实践"［J］．厦门大学学报（哲学社会科学版），2023，73（04）：67-78.

［8］王艳．中国文化融入《日语视听说》教学实践研究［J］．实验室研究与探索，2023，42（06）：243-247.

［9］刘畅．高校日语教学理论与实践研究——评《日语教学与测评研究》［J］．科技管理研究，2023，43（07）：266.

［10］甘培瑶．日语国际化人才培养研究——评《国际化创新型外语人才培养研究》［J］．人民长江，2023，54（03）：240-241.

［11］尹凤先 . 跨文化交流视域下高校日语翻译教学体系的构建——评《日语翻译教学理论与实践模式研究》［J］. 中国油脂，2023，48（02）：159.

［12］张会见，傅梦菊 . 语言接触视角下朝、日语汉字否定前缀的演变研究［J］. 外语研究，2023，40（01）：45-51.

［13］高洋 . 日本服饰史在日语教育中的应用［J］. 棉纺织技术，2023，51（02）：101.

［14］王尤 . 日语语言文化的特点及翻译探索——评《日语翻译与语言文化》［J］. 科技管理研究，2023，43（03）：263-264.

［15］李红梅 . 大学日语教学中跨文化交际能力的培养策略——评《跨文化交际视角下的高校日语教学策略探究》［J］. 教育理论与实践，2023，43（02）：2.

［16］童之伟 . 再论汉语实践法学的话语体系［J］. 学术研究，2023，（01）：42-54+177.

［17］智晓敏 . 高校日语翻译教学创新实践——评《日语翻译教学理论与实践模式研究》［J］. 中国教育学刊，2022，（10）：131.

［18］童之伟 . 法学基本研究对象与核心范畴再思考——基于宪法视角的研究［J］. 法学，2022，（09）：45-61.

［19］丁红卫 . 新文科视域下的日语专业人才培养［J］. 高教发展与评估，2022，38（03）：112-116+122.

［20］皮俊珺 . 基础日语教育的历史回顾与未来展望［J］. 课程 . 教材 . 教法，2022，42（05）：103-110.

［21］赵冬茜，修刚 . 三位一体的高校日语专业人才培养路径——外语类专业《教学质量国家标准》《日语教学指南》《日语教学大纲》的制定［J］. 西安外国语大学学报，2022，30（01）：74-78.

［22］谢宇，董洪丹 . 中学小语种课程开设的现状、问题及建议——基于四川省中学日语和西班牙语课程开设情况的调查分析［J］. 西南大学学报

（社会科学版），2022，48（02）：177–183.

［23］梁晓清，金双鸽.基于体验式教学的日语翻译教学措施——评《日语翻译教学理论与实践模式研究》［J］.中国油脂，2022，47（02）：159.

［24］申冬梅."互联网+"时代基础日语智慧课堂教学模式设计——评《互联网+时代的日语教学模式探究》［J］.中国科技论文，2022，17（01）：124–125.

［25］罗洛.基于中日文化差异的翻译对比分析——评《中日跨文化交际视角下的翻译研究与教学》［J］.中国教育学刊，2022，（01）：121.

［26］沈胡婷，杨光俊.日语国际教育新动向及其经验对国际中文教育的启示——基于对《日语教育推进法》的解读［J］.天津师范大学学报（社会科学版），2022，（01）：36–42.

［27］赵冬茜.《普通高等学校本科外国语言文学类专业教学指南》视域下日语专业核心课程设置研究［J］.外语研究，2021，38（06）：53–59.

［28］张长安，杨嘉宁.中国日语学习者非语言交际能力多维评价体系探索［J］.西安外国语大学学报，2021，29（04）：25–30.

［29］尤芳舟.新文科背景下日语课程思政建设的思考［J］.外语学刊，2021，（06）：78–82.

［30］权玉华.传播学视域下的日语课程思政教学及课程资源库建设——评《新时代高校课程思政教学创新研究》［J］.新闻爱好者，2021，（10）：103–104.

［31］张婷婷.新时期高校新闻日语教学策略研究——评《新闻日语教程》［J］.新闻爱好者，2021，（09）：105–106.

［32］姚伟杰.互联网+高校课程思政对日语教学的影响及应用——评《互联网+时代的日语教学模式探究》［J］.科技管理研究，2021，41（17）：238.

［33］周海宁.新时代背景下高校商务日语课程教学探讨——评《商务日语》

［J］. 热带作物学报，2021，42（08）：2525.

［34］刘思麟，张莹."互联网+"背景下的大学生第二外语自主学习平台构
建——评《日语综合教程》［J］. 热带作物学报，2021，42（08）：2450.

［35］章樊. 高校日语专业教育改革与实践——评《高等日语教育（第7辑）》
［J］. 热带作物学报，2021，42（08）：2470.

［36］单丽. 新时代背景下的日语语言学习与商务技巧融合——评《新时代商
务日语》［J］. 热带作物学报，2021，42（08）：2492.

［37］刘红艳. 食品专有词汇日语翻译——评《日汉食品工业词汇（和汉食品
工业用语集）》［J］. 中国酿造，2021，40（08）：242-243.

［38］刘思辰. 基于PBL教学法的高职日语教学模式改革创新——评《国际
化视野中的专业日语教学改革与发展研究》［J］. 热带作物学报，2021，
42（07）：2188.

［39］林银花. 科技日语阅读与翻译能力的混合式教学设计——评《实用有色
金属科技日语教程》［J］. 有色金属（选矿部分），2021，（04）：150-
152.

［40］王丹. 日语训读与上古汉语字音对应例析［J］. 语言研究，2021，41
（03）：62-69.

［41］阿拉坦其其格. 高校日语翻译教学的创新［J］. 食品研究与开发，2021，
42（13）：246.

［42］郭洋. 中职商务日语专业学生日语听力焦虑与听力成绩的相关性研究
［D］. 吉林外国语大学，2021.

［43］傅雯毓. 中职商务日语专业《基础日语》课程课后作业布置情况调查研
究［D］. 吉林外国语大学，2021.

［44］王静.S省W市L中职学校商务日语专业听力课程教学现状调查研究
［D］. 吉林外国语大学，2021.

［45］王美琪. 中职生日语词汇学习策略使用情况的调查研究［D］. 吉林外国

语大学，2021.

［46］苏嘉吉．"对分课堂"教学模式在中职日语阅读教学中的应用研究［D］．吉林外国语大学，2021.

［47］张秋燕．基于SPOC的混合式教学模式在中职日语口语教学中的应用研究［D］．吉林外国语大学，2021.

［48］常红梅，王月会．职业教育外语类专业目录修订解读［J］．外语电化教学，2021，（02）：24–29+44+4.

［49］刘建男．吉林省地方院校日语专业发展及就业现状分析［J］．职业技术教育，2020，41（35）：28–32.

［50］高钰．关于《创业－日本制造业的商业大变革》的翻译实践报告［D］．大连海事大学，2020.

［51］刘敏．关于《商务经济学》（节选）的翻译实践报告［D］．大连海事大学，2020.

［52］高菲．中职学校商务日语专业教师课堂教学行为有效性调查研究［D］．吉林外国语大学，2020.

［53］李欣．中职商务日语专业学生日语听力学习策略使用情况调查［D］．吉林外国语大学，2020.

［54］陈春平．影响中职学生日语阅读理解的因素调查研究［D］．吉林外国语大学，2020.

［55］冯涛．信息化环境下的商务日语专业课程教学改革——评《实用日语口语大全：商务口语》［J］．中国测试，2019，45（10）：175.

［56］常家祎．《经营战略之再问》翻译实践报告［D］．大连海事大学，2019.

［57］王朝霞．铸造行业商务洽谈陪同口译实践报告［D］．山西师范大学，2019.

［58］王一尧．中职学生日语自主学习能力问题及培养策略研究［D］．吉林外国语大学，2019.

［59］周朝霞.中职学校商务日语专业核心课程设置的问题及对策研究［D］.
吉林外国语大学，2019.

［60］卢珊珊.国内商务日语教育研究现状分析［J］.教育理论与实践，2019，
39（09）：57-59.

［61］金海.中职校学生职业素养培养的策略研究［D］.扬州大学，2019.

［62］黄嘉婧，吕美佳.跨境电商课堂中日语教学模式融合探索——评《电子
商务日语教程》［J］.中国教育学刊，2019，（03）：131.

［63］赵文宁.商务日语实践教学体系的实施研究——评《实战商务日语》
［J］.新闻爱好者，2019，（01）：120.

［64］柳玉玲.基于经济发展的日语教学研究——评《现代商务日语教程》
［J］.广东财经大学学报，2018，33（04）：114.

［65］柴海燕.Seminar教学法在中职日语教学中的探索与实践［D］.浙江工业
大学，2018.

［66］王世鹏.高职日语专业商贸课程情境化教学实验研究［D］.吉林农业大
学，2018.

［67］程雪.商务日语口译实践报告［D］.大连外国语大学，2019.

［68］沈倩昉.高职院校日语专业人才培养研究［D］.华中师范大学，2018.

［69］高玲.中日茶贸易中商务日语交流策略研究［J］.福建茶叶，2017，39
（07）：32.

［70］张瑜璇.基于中日双方茶叶贸易的商务日语研究［J］.福建茶叶，2017，
39（05）：40-41.

［71］金蔚.基于商务人才需求理念的商务日语教学改革探索［J］.高教探索，
2016，（S1）：106-107.

［72］姜洋.物联网环境下新商务日语微课程教学模式［J］.外国语文，2016，
32（04）：146-149.

［73］王丽芳.基于CIPP评价模式对商务日语教学的分析［J］.黑龙江高教研

究，2016，（02）：135–138.

［74］周宝玲.中日茶贸易中商务日语沟通技巧研究［J］.福建茶叶，2016，38（01）：40–41.

［75］沈汉达，翁昊年，郑燕琦等.基于信息技术创新职业教育课堂教学模式［J］.中国职业技术教育，2015，（35）：69–72+79.

［76］本刊讯.2015中国国际贸易学会年会暨国际贸易发展论坛在京召开［J］.对外经贸实务，2015，（12）：2.

［77］卢扬.功能对等理论视阈下商务日语函电汉译策略［J］.中国科技翻译，2015，28（03）：32–34+55.

［78］程华明，左灵芝.广东省高职院校外语专业设置与特色［J］.高等农业教育，2014，（07）：86–89.

［79］夏国锋.高职商务日语专业人才培养阙失与对策分析［J］.内蒙古师范大学学报（教育科学版），2014，27（05）：133–135.

［80］上海对外经贸大学国际商务外语学院［J］.国际商务研究，2014，35（03）：2.

［81］李润华.高职商务日语专业实训类课程教材开发刍议［J］.职业技术教育，2013，34（17）：76–78.

［82］商务日语英才会所［J］.上海成人教育，1998，（03）：47.

［83］卢杭央.高职商务日语教学中的跨文化意识培养［J］.职教论坛，2011，（17）：50–51+54.

［84］吴宦熙，杜云.日剧模拟实践教学初探［J］.电影文学，2011，（10）：161–162.

［85］田孝平.浅议商务日语的翻译特点和翻译技巧［J］.中国商贸，2010，（20）：225–226.

［86］田孝平，唐燕.浅议商务日语口译的特点及对口译人才的素质要求［J］.中国商贸，2010，（23）：225–226.